Z会小学生
わくわくワーク
4年生夏休み
復習編

わくわくシール

▼ 1回分が終わったら，最後《さいご》のページにシールをはろう。全部が終わったら，すてきな絵が完成《かんせい》するよ。

国語 1　国語 2　国語 3　国語 4　国語 5　国語 6

国語 7　国語 8　国語 9　国語 10　国語 11　国語 12

理科　英語 2　英語 3　英語 4

▼ 算数は，自分が使っている教科書に合わせて，取り組む回をえらび，1回取り組んだら1まいはろう。

算数 1　算数 2　算数 3　算数 4　算数 5　算数 6

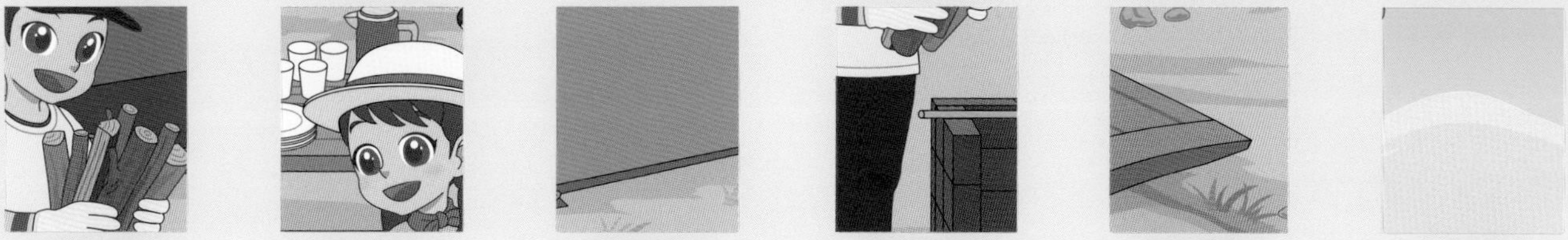

算数 7　算数 8　算数 9　算数 10　算数 11　算数 12

算数 13　算数 14　算数 15　算数 16

目《もく》次《じ》

＊算数・理科・社会・英語は後ろから始まります。

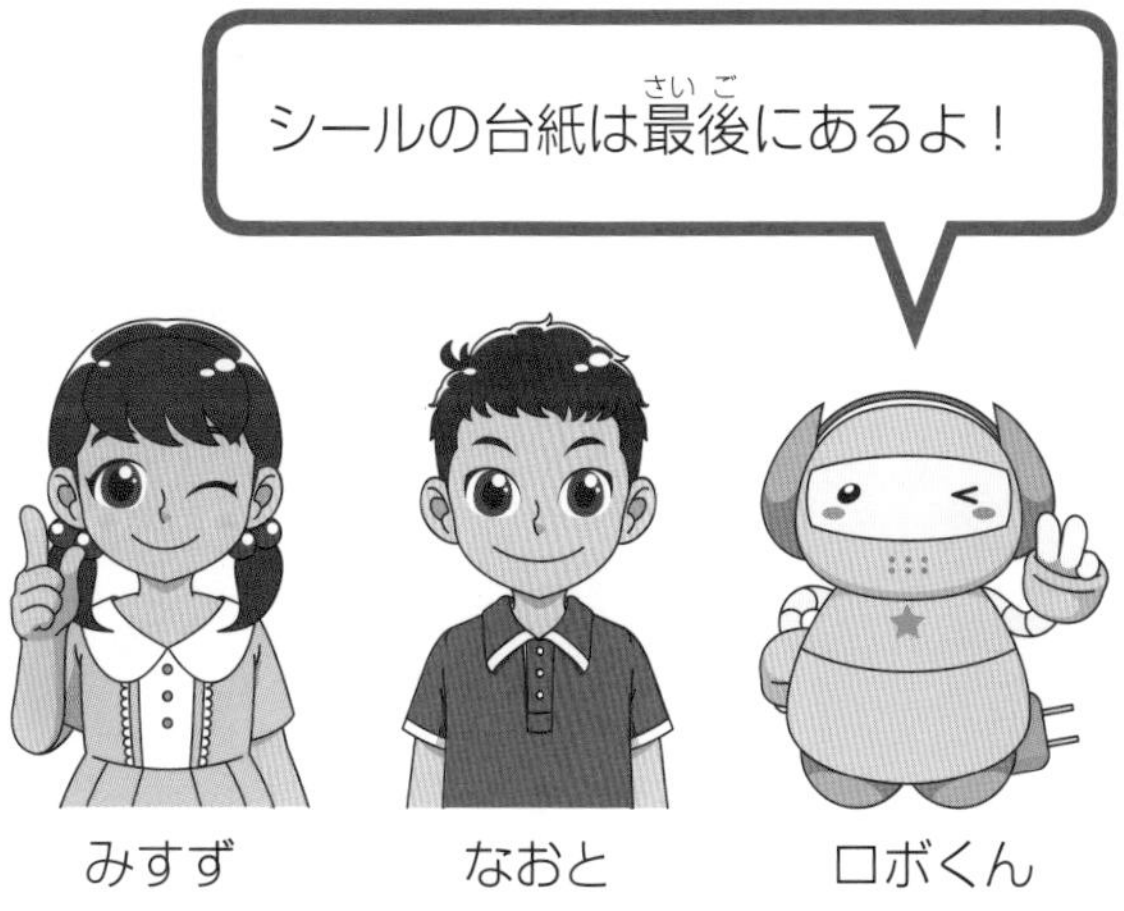

シールの台紙は最後《さいご》にあるよ！
みすず
なおと
ロボくん

一歩差《いっぽさ》がつく
読書《どくしょ》メモ で、読書感想文《どくしょかんそうぶん》もばっちり！

◆次《つぎ》の３つのステップで取《と》り組《く》んでみましょう。

ステップ１
読書《どくしょ》メモの①～⑥の質問《しつもん》に答《こた》える。

書《か》けるところだけでOK《おーけー》!

ステップ２
書《か》きたいものを①～⑥から選《えら》ぶ。(□に✓をつける)

長《なが》く書《か》きたいときはたくさん選《えら》び、短《みじか》くてもよいときは、自分《じぶん》が書《か》きたいものを２つくらい選《えら》ぶといいよ。

ステップ３
考《かんが》えた理由《りゆう》や自分《じぶん》の体験《たいけん》とつなげながら書《か》く。

本《ほん》の題名《だいめい》	著者《ちょしゃ》	出版社《しゅっぱんしゃ》

□	① 友《とも》だちや家族《かぞく》に教《おし》えたいと思《おも》ったことは、どんなこと？
□	② 初《はじ》めて知《し》ったこと、驚《おどろ》いたことは、どんなこと？
□	③ 自分《じぶん》も似《に》たような経験《けいけん》があるな、と思《おも》ったことはどんなこと？
□	④ この本を読《よ》む前《まえ》と、読《よ》んだ後《あと》で、なにか変《か》わったことはあるかな？
□	⑤ これからの生活《せいかつ》でいかしていきたいのは、どんなこと？
□	⑥ この本《ほん》にキャッチコピーをつけるなら？

感想文《かんそうぶん》のタイトルにもおすすめ！

他《ほか》にも、「おもしろかったところは？」「難《むずか》しかったところは？」「覚《おぼ》えておきたいことは？」 など、自分《じぶん》で質《しつ》問《もん》を考《かんが》えて答《こた》えてみるといいよ。

◆物語《ものがたり》の読書感想文《どくしょかんそうぶん》の書《か》き方《かた》については、 動画《どうが》でわかりやすく解説《かいせつ》しています。

解説動画《かいせつどうが》はこちら

国語

ページ

★ 算数は 71 ページから始まります。
★ 理科は 39 ページから始まります。
★ 社会は 33 ページから始まります。
★ 英語は 79 ページから始まります。

読書感想文にも挑戦《ちょうせん》するよ。
苦手な人は，映像《えいぞう》もチェック！

● 映像はこちらから見ることができます。
https://www.zkai.co.jp/books/wkwknatsuyasumi/dougakaisetsu4/

左のマークはむずかしい内容《ないよう》についています。とくことができれば自信《じしん》をもってよい問題です。

まちがえた場合は，『答えと考え方』を読んで理解《りかい》しておきましょう。

第1回 物語の読み取り①

学習日　月　日

得点《とくてん》　／100点

次の文章を読んで、あとの問いに答えなさい。

> イシダイのアニータが、ゴンクたち子ガメがすむくぼみをうばいにやってきた。

母ガメは、ゴンクをみると、ひどくあわててしまった。そしてしかった。

①「ゴンク。でてきてはいけません。中に入ってなさい。」

ゴンクは母ガメのけんまくにけおされて、すごすごと中へもぐりこんだ。

イシダイは、ほこり高い魚だった。争《あらそ》いにまけるより、死をえらぶ、むてっぽうな気性《きしょう》をもっていた。

②できるなら母ガメは、笑《わら》ってすませたかった。場所をあけわたせば、もめずにすんでしまうことだった。だけど、くぼみの中には子ガメたちがいるので、自分だけ立ち去るわけにはいかなかった。母ガメは、アニータをてきとうにあしらい、じゃあねと、わかれるつもりだった。

ところが、アニータは、ゴンクをみてしまった。子ガメにあなどられてたまるものかと、アニータの顔色が

問一 母ガメは、――①の言葉をどんなふうに言ったと考えられますか。次の中から一つ選《えら》び、記号を○で囲《かこ》みなさい。(25点)

ア あまえをゆるさない、きびしい調子で言った。

イ いまにも泣《な》き出《だ》しそうな声で、悲しげに言った。

ウ とても落ち着いて、一語一語はっきりと言った。

エ やさしく温かみのある声で、静《しず》かに言った。

問二 ――②とありますが、母ガメははじめはどのようにするつもりだったのですか。「〜つもり。」に続《つづ》く形で文中から二十五字で書きぬきなさい。(25点)

つもり。

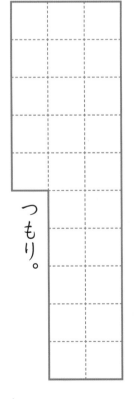

国語

さっと青ざめた。

③争いになるわ、と母ガメはかくごをきめた。

笑ってわかれれば、かちまけなしだ。でも、海の中の争いには、かつかまけるか、どちらか一つしかなかった。魚でもカメでも、かったほうがいい場所をしめるのである。それが海の動物のおきてだった。

争う以上《いじょう》、かたねばならなかった。まけると、子ガメたちは、やわらかい海草が食べられなくなってしまう。イシダイたちをさけて、ほかの場所へうつらねばならなくなる。

母ガメは、そうそう長い間、ゴンクたちといっしょにいるわけにはいかなかった。子ガメたちが海での生活になれたら、いっこくもはやく、南へと旅立つ必要《ひつよう》があった。何千キロもはなれた南の海で、ゴンクたちの父親がまっているのだ。

母ガメは、手を岩につき、体を少しもちあげた。二つの目で、きっと、イシダイをにらみつけた。

問三 ——③について、次の(1)・(2)の問いに答えなさい。

(1) 母ガメはなぜ争うかくごを決めたのですか。次の文の（A）・（B）にあてはまる言葉をそれぞれ文中から書きぬきなさい（Aは十四字・Bは三字）。（各《かく》15点）

海の動物には（A）というおきてがあり、子ガメを守るためには、（B）わけにはいかないから。

A

B

(2) 争うかくごでイシダイと向き合う母ガメの心情《しんじょう》が表れた一文をさがし、はじめの五字を書きぬきなさい。（20点）

畑正憲《はたまさのり》『ウミガメ ゴンクのぼうけん』（朝日《あさひ》出版社刊《しゅっぱんしゃかん》）

答えは『答えと考え方』

第2回

漢字の学習①

学習日
月
日

得点《とくてん》
／100点

問一 次の(1)~(4)の部首の名前を書きなさい。また、その部首のつく漢字には、どのようなものと関係《かんけい》した漢字が多いかをあとの**ア**~**エ**の中から一つずつ選《えら》び、記号を書きなさい（同じ記号は二回使わないこと）。
（両方できて各《かく》5点）

	部首の名前	記号
(1) 亻	（　　）	（　　）
(2) 艹	（　　）	（　　）
(3) 广	（　　）	（　　）
(4) 辶	（　　）	（　　）

ア 草や植物に関係したもの。
イ 屋根や「おおう」ことに関係したもの。
ウ 人の様子や行動に関係したもの。
エ 道を進むことに関係したもの。

問二 次の(1)~(4)の■に共通《きょうつう》してあてはまる部首を、**ア**~**ウ**の中からそれぞれ一つずつ選び、記号を○で囲《かこ》みなさい。
（各4点）

(1) ■永・■羊・■皮
ア 日　**イ** 氵　**ウ** 木

(2) 彦■・豆■・类■
ア 攵　**イ** 刂　**ウ** 頁

(3) ■各・■夫・■寸
ア 宀　**イ** 穴　**ウ** 冖

(4) ■廷・■車・■支
ア 厂　**イ** 广　**ウ** 尸

国語

問三 次の(1)～(4)の漢字の部首と部首の名前を書きなさい。（両方できて各5点）

	部首	部首の名前
(1) 病	（　　）	・（　　）
(2) 園	（　　）	・（　　）
(3) 秋	（　　）	・（　　）
(4) 都	（　　）	・（　　）

問四 次の(1)～(3)の■にあてはまる部首を、あとの［　］の中から選び、文にあう漢字にして□に書きなさい。（各4点）

(1) 所■寺品をたしかめる。　□

(2) 期■寺が高まる。　□

(3) ■寺集を作る。　□

［　言　亻　扌　］

つくりは同じ形だね。文章の意味を考えて、正しい漢字を作ろう。

問五 次の[1]のカードと[2]のカードを組み合わせて、漢字を八つ書きなさい（同じカードを二回使わないこと）。（各4点）

[1] 心　馬　竹　雨　辶　礻　文　門

[2] 由　开　軍　畐　方　ヨ　相　㑒

□　□　□　□

□　□　□　□

部首の場所に気をつけて、わかるものから書いてみよう。

答えは『答えと考え方』

第3回

どちらがよいか考えよう

学習日　月　日

楽しい夏休みが始まりました。なおとさんとみすずさんは、夏休みの宿題のやり方について話しているようですが……。

宿題は一人でやるほうがいいよね。
そうかな。みんなでやったほうが楽しいと思うけど……。

二人の意見が合わないようです。あなたは、宿題は「みんなでやる」「一人でやる」のどちらがよいと思いますか。理由をはっきりとのべて、なおとさんやみすずさんを説得《せっとく》できるような意見を発表しましょう。

やってみよう①

宿題を「みんなでやる」「一人でやる」のそれぞれについて、よいところ、よくないところを表にまとめてみましょう。

	みんなでやる	一人でやる
よいところ		
よくないところ		

やってみよう②

やってみよう①の表を見て、あなたは「みんなでやる」「一人でやる」のどちらの立場をとりますか。選《えら》びましょう。

※どちらが正解《せいかい》、ということではありません。自分なりの答えを出しましょう。

やってみよう③

やってみよう②の答えを選んだ理由をまとめましょう。

ここまでに考えたことをふまえて、下のらんに意見をまとめましょう。意見の中では、反対派《はんたいは》からの反論《はんろん》を予想し、それに対してさらなる反論を考えるようにするとよいでしょう。

【例《れい》】「一人でやる」を選んだとき
反対派からの反論…「一人だとやる気が出ない。」
反論に対する反論…「勉強のあとにお楽しみを用意しておくなど、くふうすればよい。」

このように、予想される反論と、その反論に対する反論をもりこむことで、意見の説得力がましますよ。

自分の立場は最初《さいしょ》にしめそう。そのあとで、理由や反論に対する反論をのべるといいよ。最後にもう一度自分の立場についてまとめれば、かんぺきだよ！

●意見を書こう

答えは『答えと考え方』

第4回 説《せつ》明《めい》文《ぶん》の読み取り ①

次の文章を読んで、あとの問いに答えなさい。

シマウマの*トレードマークといえば、白と黒のしまもよう。わたしたちが遠くから見ても「あそこにシマウマがいるな」とひと目でわかるほど、とても（　A　）なもようです。

このしまもようは、しゅるいによって少しずつちがいます。だから、シマウマは、もようからなかまを見分けます。

また、シマウマの子は、もようとにおいから、むれの中で母親を見分けるのです。

でも、このはでなしまもようのせいで、ライオンなどのてきからねらわれやすくなってしまう、ということはないのでしょうか。

いいえ、ご安心を。目立つどころか、むしろ目くらましになっているのです。

ライオンなどの肉食動物は、草食動物をおそうとき、一頭のえものにねらいを定めます。そして、追いかけ回

問一 （　A　）にあてはまる言葉を文中から二字で書きぬきなさい。（20点）

問二 ——①、ライオンなどがシマウマをおそいづらくなるのはなぜですか。次の文の（　a　）・（　b　）にあてはまる言葉を文中の言葉を用いてそれぞれかんたんに書きなさい。（各《かく》15点）

シマウマが（　a　）ときに、（　b　）ため、どこまでが一頭だか、わからなくなってしまうから。

a

b

学習日　月　日

得点《とくてん》　／100点

し、むれから引きはなしたところを、とびかかります。

ところが、シマウマがむれで動いていると、一頭ずつでは目立つしまもようが重なり合って、どこからどこまでが一頭だか、わからなくなってしまいます。そのため①ライオンなどは、シマウマをおそいづらくなってしまうのです。

また、人間をふくむサルのなかま以外《いがい》の、多くの動物は色をはっきりと見分けることができません。おもに白黒にしか見えないのです。

そのため、シマウマの白黒は、サル以外の動物から見れば、決してはでで目立つ色ではないのです。むしろ、②しまもようが草原にまぎれやすくなり、身をかくしやすくなるのです。

＊トレードマーク＝そのものをとくちょうづけるもの。

問三 ――②、しまもようが草原にまぎれやすくなるのはなぜですか。次の文の（　）にあてはまる言葉を文中から十二字で書きぬきなさい。（25点）

サルのなかま以外の動物は、色をはっきりと見分けることができず、（　　）から。

問四 問題文の内容《ないよう》としてあわないものを次の中から一つ選《えら》び、記号を○で囲《かこ》みなさい。（25点）

ア ライオンは、シマウマなど草食動物の一頭を追いかけ回し、むれから引きはなしてとびかかる。

イ シマウマは、しゅるいによって少しずつちがうもようをたよりに、なかまを見分ける。

ウ シマウマの子は、むれの中で、もようのとくちょうと足あとから母親を見分ける。

エ シマウマの白黒のしまもようは、てきからねらわれにくくするのに役立っている。

今泉忠明《いまいずみただあき》監修《かんしゅう》・こざきゆう文『なぜ？どうして？動物のお話』（学研《がっけん》刊《かん》）

答えは『答えと考え方』

第5回 言葉の学習 ①

問一 次の(1)～(4)の文の主語と述語《じゅつご》はどれですか。それぞれ記号を書きなさい。（両方できて各《かく》10点）

(1) ア朝から　イはげしい　ウ雨が　エふる。

（主語＝　　　　述語＝　　　　）

(2) アわたしの　イ姉は　ウ有名な　エ歌手だ。

（主語＝　　　　述語＝　　　　）

(3) ア兄に　イもらった　ウ本は　エとても　オおもしろい。

（主語＝　　　　述語＝　　　　）

(4) アひまわりは　イ夏を　ウ代表する　エ美しい　オ花だ。

（主語＝　　　　述語＝　　　　）

問二 次の(1)・(2)の文の――の部分をくわしくする言葉（修飾語《しゅうしょくご》）を（　）の中から一つずつ選《えら》び、○で囲《かこ》みなさい。（各5点）

(1) （にぎやかな・かすかに・遠くから）音が聞こえる。

(2) （大きな・赤い・急に）車が動き出す。

問三 次の(1)・(2)の文の□の部分をくわしくする言葉はどれですか。あてはまるものをすべて選び、記号を○で囲みなさい。（すべてできて各5点）

(1) アわたしの　イ妹は　ウ絵の具で　エていねいに　オ色を　[ぬった]。

(2) ア春には　イ庭に　ウきれいな　エまっ白い　[花が]　オさく。

学習日　　月　　日

得点《とくてん》　　／100点

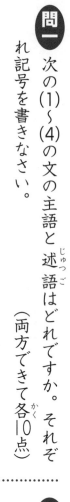

問四 次の(1)～(4)の文の（　）にあてはまる言葉をあとの□の中から一つずつ選び、○で囲みなさい。（各5点）

(1) キャンプ場で見つけた虫の名前を知りたかった。（　）、図書館に行って、ずかんで調べた。

だから ・ けれども ・ それに

(2) 家族で海に行ったとき、すなはまで楽しく遊んだ。（　）、父といっしょにつりもした。

すると ・ つまり ・ そして

(3) 山道は思ったよりけわしく、歩くのがつらかった。（　）、がんばって頂上《ちょうじょう》まで登った。

なぜなら ・ しかし ・ いっぽう

(4) 将来《しょうらい》は動物にかかわる仕事をしてみたい。（　）、動物園や水族館の飼育員《しいくいん》だ。

ところが ・ ところで ・ たとえば

前の文とあとの文のつながりをよく考えよう。

問五 次の(1)・(2)の文の続《つづ》きとしてあうものをあとの**ア**・**イ**から一つずつ選び、記号を○で囲みなさい。（各5点）

(1) おなかがすいた。だから、（　）。

ア おやつを食べた

イ おやつを食べなかった

(2) 写真をとりたい。しかし、（　）。

ア カメラを持ってきた

イ カメラをわすれてしまった

問六 次の文章の（　）に「だから」か「でも」を入れて、文章を完成《かんせい》させなさい。（各5点）

食事のあとかたづけをたのまれたとき、初《はじ》めは「いやだな。」と思った。(1)（　）、食器《しょっき》を全部あらったら、お母さんがほめてくれて、とてもうれしかった。(2)（　）、また手伝《てつだ》いたい。

答えは『答えと考え方』

第6回 物語の読み取り②

学習日　月　日

得点《とくてん》　／100点

次の文章を読んで、あとの問いに答えなさい。

スポ・チャン〈剣道《けんどう》のようなスポーツ〉の練習試合《じあい》で、けんたろうは、体にしょうがいがある前田《まえだ》あきお君とペアになった。

けんたろうはあきお君とのたいせんでは、本気になれない。けんたろうが勝つにきまっているもの。

けんたろうが手かげんしてたたかっていると、角山《つのやま》先生が、

「えんりょしないで、ここでは男どうしのしょうぶをしろ」といった。

①「それが『公平』って、ことなんだぞ」

そこでけんたろうは思いきって、長いけんをふりあげた。

「ヤーア」

あきお君も、

問一 ――①、角山先生が言った「公平」という言葉には、どのような意味がこめられていますか。次の文の（　）にあてはまる言葉を文中から二字で書きぬきなさい。（25点）

しょうぶのときは、どんな相手とも（　　）でたたかうこと。

問二 ――②、この表現《ひょうげん》は何を表していますか。次の文の（　）にあてはまる言葉を文中から十三字で書きぬきなさい。（25点）

スローモーションのようにゆっくりと、（　　）様子。

「ウオーッ」

あきお君がけんをふりあげ、とっしんしてくる。

ドタドタドタ……

じひびきをあげていたのに、とちゅうでクネッ。

あきお君の足がもつれた。

あきお君は木がたおれるように、たおれてくる。

「あー」
＊プロテクターの中の顔が、ガバーッとひきつっている。
それを見てけんたろうはひるんだ。

たおれてくるあきお君がスローモーションになった。
②「ウォン・ウォン・ウォン」
けんたろうの顔面にあきお君の顔がせまってくる。

「たったった、たすけてー」

たおれてくるあきお君のけんが、けんたろうのプロテクターをちょくげきした。

「一本！　前田の勝ち」

けんたろうは角山先生の声でわれにかえった。
③「これって、ありー？」
けんたろうはくってかかる。

「いっけん弱そうな人が勝ったりする。これが④スポ・チャンのおもしろさなんだ」

＊プロテクター＝けがから身を守るために着用する道具。

問三 ――③、このときのけんたろうの気持ちとしてあうものを次の中から一つ選《えら》び、記号を〇で囲《かこ》みなさい。（25点）

ア 自分より弱いと思っていたあきお君に負けてしまったので、自分自身にはらを立てている。
イ あきお君のけんが偶然《ぐうぜん》当たっただけなのに、負けたことになったので納得《なっとく》できないでいる。
ウ ふだんはきびしい角山先生が、あきお君をわざと勝たせてあげたのではないかとうたがっている。
エ 思いきってたたかうこともできないうちに、あきお君にあっさり負けたことをくやんでいる。

問四 ――④、どのようなところがおもしろいのですか。次の中から一つ選び、記号を〇で囲みなさい。（25点）

ア どんな場所でも練習や試合ができるところ。
イ どんな試合でも強いほうが必《かなら》ず勝つところ。
ウ 弱そうに見える人ほど有利《ゆうり》にたたかえるところ。
エ 強いほうが必ず勝つとはかぎらないところ。

岡田《おかだ》なおこ『ぼくたちＪ２《ジェイツー》スペシャル！』（童心社《どうしんしゃ》刊《かん》）

答えは『答えと考え方』

第7回 漢字の学習②

学習日
月　日

得点《とくてん》
／100点

問一 次の□には漢字を書きなさい。また、（　）には送りがなを書きなさい。（各《かく》5点）

(1) 船が□《みなと》に着く。

(2) 父が□《のう》□《ぎょう》をいとなむ。

(3) 休日に□《か》□《ぞく》で出かける。

(4) ようやく□《もく》□《てき》を果《は》たす。

(5) 大きな荷物を□《はい》□《たつ》する。

(6) 海で貝がらを□（　　　）《ひろう》。

(7) 小さい子を□（　　　）《たすける》。

(8) ていねいに形を□（　　　）《ととのえる》。

(9) □（　　　）《さいわい》にもけがをしなかった。

(10) □（　　　）《もっとも》人気のある本。

(4)、(5)、(10)は四年生で学習する漢字を使うよ。正しく書けるかな。

問二 次の(1)～(4)の読み方をする漢字を、それぞれ□に書きなさい。（各4点）

(1) オウ
① 広場の中□に立つ。
② □断《だん》歩道をわたる。

(2) カン
① □想をのべる。
② □冷《れい》な地域《ちいき》のくらし。
③ 博物《はくぶつ》□で化石を見る。

(3) キョク
① 作□家の伝記《でんき》を読む。
② ゆうびん□へ行く。

(4) チュウ
① ジュースを□文する。
② 太い電□を立てる。

問三 【例】のように同じ読み方の漢字をつなげると、熟語《じゅくご》のしりとりができます。□にあてはまる漢字を、あとの[ ]の中から一つずつ選《えら》んで、しりとりを完成《かんせい》させなさい。（各2点）

【例】 記事→自由→友人→神社

【例】は、同じ読み方の漢字が「きじ」→「じゆう」→「ゆうじん」→「じんじゃ」とつながっていくね。

スタート
明暗 → 安 ①□
← 前 ②□
↓ ③□ 夜
← 野 ④□
← ⑤□ ⑥□
← ⑦□ 気

用	全	急	進
球	深	陽	

答えは『答えと考え方』

第8回

説明文の読み取り②

学習日　月　日

得点《とくてん》　／100点

次の文章を読んで、あとの問いに答えなさい。

大昔にはお金はありませんでした。そのころの人びとは①物と物を交かんして（物《ぶつ》ぶつ交かんといいます）、必要《ひつよう》な物を手に入れていました。でも、自分のほしい物を持っている人を見つけるのはたいへんですし、見つかっても相手が自分の持っている物をほしがらないこともあるでしょう。そこで、だれもがほしがる物と交かんすることが考えられました。

最初《さいしょ》のころは、お米やぬのなどが交かんに使われました。でも、多くのお米を持ち歩くのはたいへんですし、味も落ちてしまいます。ぬのも長い間持っていればいたんでしまいます。そこで、持ち運びに便利《べんり》で長持ちする②貝が使われることもありました。その後、金や銀、銅《どう》などが使われるようになり、六八三年に銅を使って「富《ふ》本銭《ほんせん》」というお金が作られました。これが、今のところ③日本でいちばん古いお金といわれています。

ところで、世界でいちばん古いお金はなんでしょう。

問一　——①、物と物との交かん（物ぶつ交かん）の欠点《けってん》を次の中から二つ選《えら》び、記号を○で囲《かこ》みなさい。（各《かく》10点）

ア　自分のほしい物を持つ人がいるとは限《かぎ》らない点。

イ　交かんの手続《てつづ》きがすぐに終わるとは限らない点。

ウ　相手が自分の持つ物をほしがるとは限らない点。

エ　自分の力で物を手に入れられるとは限らない点。

オ　だれもがほしがる物を得《え》られるとは限らない点。

問二　——②、交かんのとき、お米やぬのなどの代わりに、貝が使われることがあったのはなぜですか。「〜から。」に続く形で文中から十三字で書きぬきなさい。（20点）

から。

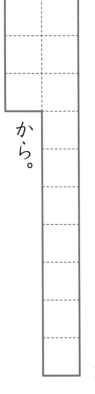

それは、四千年ほど前の中国で貝がらそのものをお金としていた「貝貨《かいか》」です。タカラガイ（子安貝《こやすがい》ともいいます）という貝が使われました。財産《ざいさん》の「財」や貯金《ちょきん》の「貯」、買うの「買」など、お金に関《かん》する漢字に（　A　）の字が入っているのはこのためです。

日本のお金は、初《はじ》めから「円」だったのでしょうか。実は、④「円」という単位《たんい》が使われ始めたのは、一八七一（明治《めいじ》四）年のことでした。ただ、このころはお札《さつ》（紙《し》へい）はなく、すべて硬貨《こうか》でした。明治時代より前の江戸《えど》時代のお金は、大判《おおばん》や小判のようにだ円形のものや、四角いものでした。それをすべて丸い形（円形）にしたため、「円」という単位になったといわれています。

江戸時代の小判（慶長《けいちょう》小判）

明治時代に作られた20円金貨と1円金貨

写真提供《ていきょう》：日本銀行貨幣博物館《かへいはくぶつかん》

問三 ――③は、どのようなもので作られていましたか。文中から一語で書きぬきなさい。（20点）

問四 （　A　）にあてはまる漢字を文中から一字で書きぬきなさい。（20点）

問五 ――④、「円」という単位が使われるようになったのは、お金の形をどのように変《か》えたからですか。形の変化《へんか》がわかるように、文中の言葉を用いて二十五字以内《いない》で書きなさい。（20点）

池上彰《いけがみあきら》監修《かんしゅう》・小学館国語辞典編集部《しょうがくかんこくごじてんへんしゅうぶ》編《へん》『10才までに知っておきたい世の中まるごとガイドブック［基礎編《きそへん》］』（小学館刊《しょうがくかんかん》）抜粋転載

※問題作成《さくせい》の都合上、問題文に一部省略《しょうりゃく》箇所《かしょ》があります。

答えは『答えと考え方』

第9回 言葉の学習 ②

学習日　月　日

得点《とくてん》　／100点

問一 次の(1)・(2)の各《かく》文にあう——の言葉の意味を下から選《えら》び、線で結《むす》びなさい。（各5点）

(1)

① 大人用プールは深い。・　・ていどが強い。

② 深い思いやりをもつ。・　・色がこい。

③ 山が深い緑にそまる。・　・底《そこ》までの間が長い。

(2)

① 姉から手紙がとどく。・　・目ざす物につく。

② 思いが友達《ともだち》にとどく。・　・とうちゃくする。

③ たなに手がとどく。・　・伝《つた》わる。

文が表す様子を思いうかべて、
言葉の意味を考えてみよう。

問二 次の(1)～(3)の（　）にあてはまる体の部分の名前をあとの［　］の中から一つずつ選び、慣用句《かんようく》を完成《かんせい》させなさい（同じ語を二回使わないこと）。
（(1)・(2)は各5点、(3)は両方できて10点）

(1)（　　）を打つ。
〈意味〉心に強く感じる。

(2)（　　）をぬかす。
〈意味〉ひどくおどろく。

(3)（　　）に（　　）はかえられない。
〈意味〉大切なことのためには、ほかをがまんするのはしかたがない。

［むね　はら　こし　せ］

問三 次の(1)～(4)の（　）にあてはまる慣用句をあとの**ア**～**エ**から一つずつ選び、記号を書きなさい（同じ記号を二回使わないこと）。（各5点）

(1) 仲直《なかなお》りをして、これまでのことは（　）。（　　）

(2) 発表の前に、原こうにもう一度（　）。（　　）

(3) 妹はまだ小さいので、何をするにも（　）。（　　）

(4) そうじの時間なのに、友達と（　）。（　　）

ア 油を売る　**イ** 水に流す

ウ 手がかかる　**エ** 目を通す

問四 次の(1)～(4)の文の（　）にあてはまる言葉としてあうものを、○で囲《かこ》みなさい。（各3点）

(1)（もし・なぜ）時間があれば、公園で遊ぼう。

(2)（どうか・たとえ）失敗《しっぱい》しても、くよくよしない。

(3)（どうして・たぶん）練習に来なかったのですか。

(4) 兄は、（けっして・ちょうど）約束《やくそく》をやぶらない。

問五 次の(1)～(3)の文の‖の言葉と組みになる言葉をあとの［　］の中から一つずつ選び、――の部分を直しなさい（同じ語を二回使わないこと）。（各5点）

(1) 泣《な》いたわけを、どうか教える。（　　）

(2) 宿に着くのは、おそらく夜になる。（　　）

(3) 雨がふったのに、全然《ぜんぜん》すずしい。（　　）

［ください　だろう　ない］

問六 左の絵にあう文になるように、（　）にあてはまる言葉を三字で書きなさい。（3点）

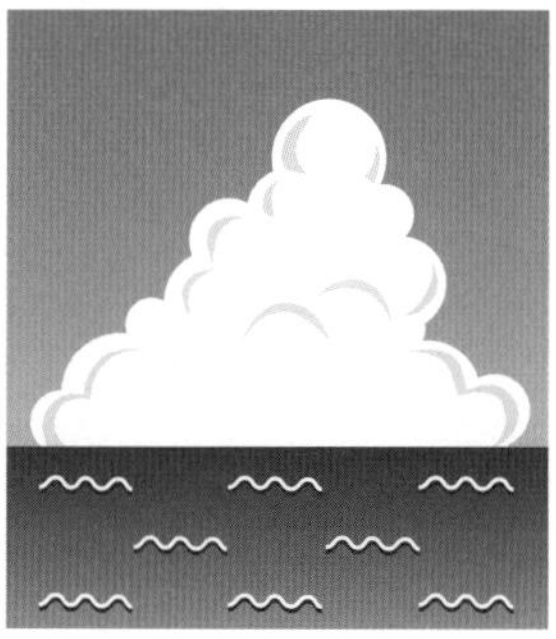

もくもくとわく入道雲は、まるでソフトクリームの（　）。

答えは『答えと考え方』

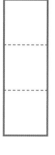

第10回

説明文の読み取り③

次の文章を読んで、あとの問いに答えなさい。

むかしの日本人の川とのつきあいかたは、いまとはまったくちがいました。ひとくちでいえば、「ふった雨を土に返そう。」としたのです。こう水《ずい》もうけいれて、できるだけ土に返し、水がいちどに川へおしよせないよう、心をくだきました。こう水を、わざわざあふれさせることもありました。

みなさんは、武田信玄《たけだしんげん》や加藤清正《かとうきよまさ》の名を知っていますね。このふたりの武将《ぶしょう》は、*あばれ川をみごとにおさめた治水《ちすい》の天才でもありました。ふたりは、大雨のときには上流で水をあふれさせ、それによって下流をこう水から守ったのです。

山梨《やまなし》県をながれる釜無川《かまなしがわ》（富士川《ふじがわ》の上流）は、名だたるあばれ川です。そのため下流の甲府盆地《こうふぼんち》は、いつも水におびやかされていました。

そこで信玄は釜無川に、①かすみ堤《てい》というつつみをきずきました。かすみ堤とは、大雨のときには、こう水が

問一 ——①は、どのようなきずきかたをするのですか。次の文の（　）にあてはまる言葉を文中から九字で書きぬきなさい。（20点）

こう水がぎゃくにながれて、（　　　）ように、とぎれとぎれにつつみをきずく。

問二 ——②、「あそんでいる」とは、水がどうなっているということですか。次の中から一つ選《えら》び、記号を○で囲《かこ》みなさい。（20点）

ア ふん水のように、はげしくふき出ていること。
イ 一か所に集まって、うずをまいていること。
ウ いずみのように、たえまなくわき出ていること。
エ ながれ出ないで、その場にとどまっていること。

学習日　月　日

得点《とくてん》　／100点

ぎゃくにながれて、川の外へあふれ出るよう、とぎれとぎれにつつみをきずいていくものです。あふれた水は土にしみこみ、あるいは底《そこ》にたまって、しばらく②あそんでいます。やがて川の水が引くと、じょじょに川へもどされるしくみです。

このように、ふった雨をできるだけ土に返し、あるいは土にとどめて、水がいちどにどっと下流へつっ走らないように、くふうしたのです。信玄はこうして釜無川の水をおさめ、③甲府盆地を水害《すいがい》から守りました。水のあふれるところには人を住まわせず、田畑が被害《ひがい》をうけても、人命はたすかりました。信玄のつくったつつみは「信玄堤《しんげんづつみ》」とよばれて、いまもその一部がのこされています。

＊あばれ川＝大雨がふるとすぐ水があふれ出て、こう水の被害《ひがい》をもたらすような川。

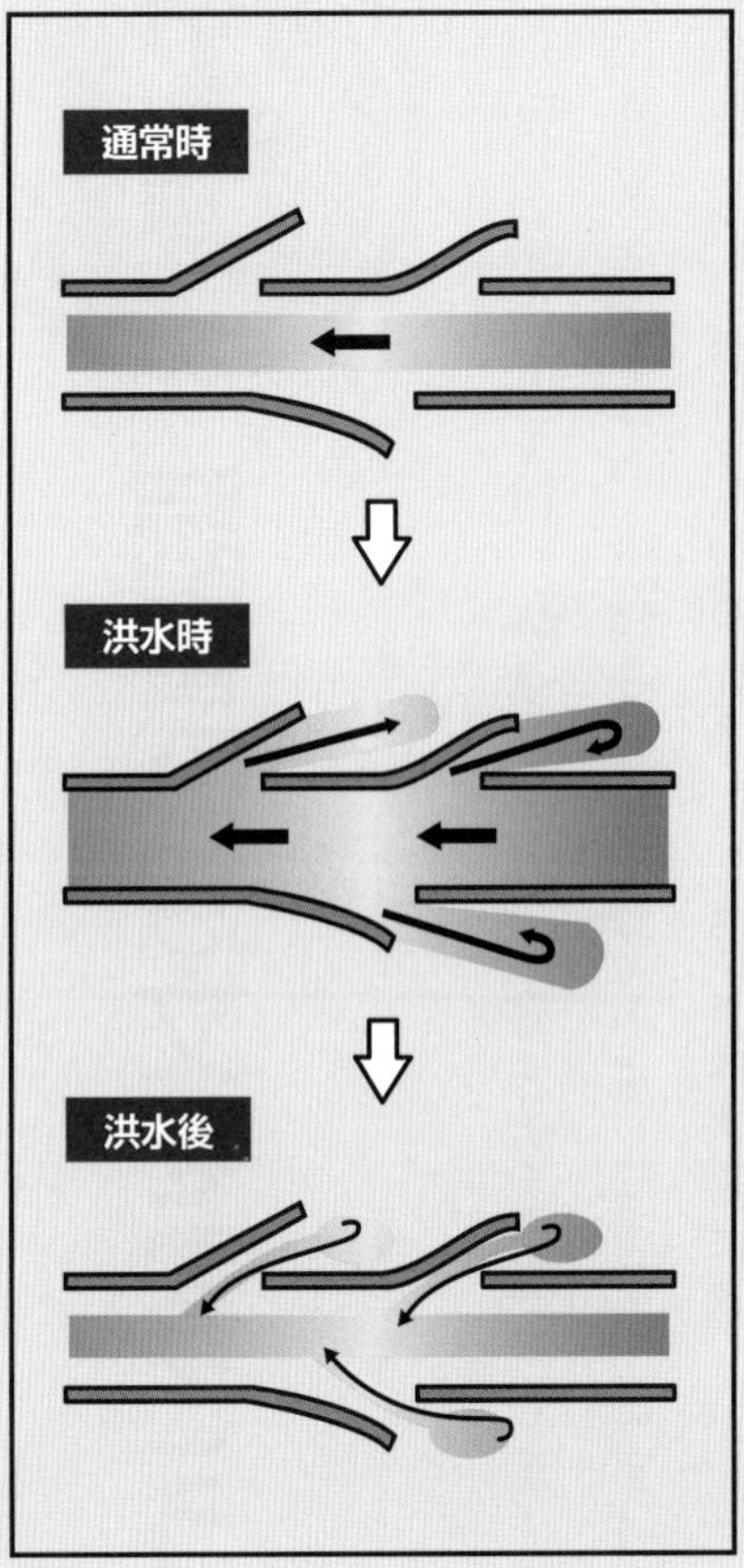

問三 ――③、信玄は、つつみをきずくことのほかにもくふうして人命を守っていました。そのことがわかる一文をさがし、はじめの五字を書きぬきなさい。(20点)

問四 筆者は、信玄の治水の話をどのようなことの例《れい》としてしょうかいしていますか。次の文の（Ｘ）にあてはまる言葉を十字以内《いない》で考えて書き、（Ｙ）にあてはまる言葉を文中から十五字以内で書きぬきなさい。(各《かく》20点)

昔の日本人は、ふった雨を（Ｘ）かとどめるかして、（Ｙ）ようにくふうしていたこと。

Ｘ

Ｙ

富山和子《とみやまかずこ》『川は生きている』(講談社《こうだんしゃ》刊《かん》)

答えは『答えと考え方』

第11回

読書感想文を書こう①

苦手な人は、映像《えいぞう》もチェック！

学習日

月　日

第11回と第12回では、読書感想文の書き方を勉強します。実際《じっさい》に文章を読んで、感想文を書いてみましょう。まずは、文章を読んで、登場人物の気持ちを読み取ります。

次の文章には、おさななじみの「ぼく」とサトルが登場します。「ぼく」は、体育の時間、自信《じしん》があったてつぼうでサトルに負けてしまいました。このお話は、その日の放課後《ほうかご》のできごとです。

ズルズル足をひきずって校舎《こうしゃ》を出ると、校庭で、サトルたちがてつぼうのれんしゅうをしていた。

「コウちゃーん」

サトルが、手をふった。ぼくは、聞こえないふりをした。

「サトルくん、ほんとうにじょうずよ。びっくりしちゃった」

サオリちゃんとアヤちゃんは、息をはずませている。

「じゃあ、連発《れんぱつ》でやってみろよ」

ぼくは、ちょっといじわるを言ってみた。

足かけ前まわりの連発は、まだ、ぼくもできない。

「うん、ちょっと、やってみるね。できるかなあ」

ひょいとてつぼうに上ると、サトルは、あっというまにクルクルクルと、三回もまわってみせた。

こんなことって……。

はくしゅかっさいがおこった。

「ほら、前に話したことあるだろう？　ぼくのいとこのお兄ちゃんが、大学で体操《たいそう》をやってるって。このあいだ遊びにきたとき、特訓《とっくん》してもらったんだ。コウちゃん、おどろかそうとおもってさ」

いままで見たことのないサトルが、てつぼうの上から、ぼくを見おろしていた。

ぼくのおなかの中のモヤモヤが、どんどん大きくなっていった。

そして、とうとう、大ばくはつしてしまったのだ。

「なんだよ、まだオネショしてるくせに！」

サトルの顔が、さっと青くなった。

サオリちゃんとアヤちゃんが、顔を見合わせてわらった。

しまった！　と思ったときは、もうおそかった。

サトルが、四年生になった今も、ときどき、ふとんに地図をかいていることは、ほんとうだ。

ベランダに、ふとんがほしてあるのを、ぼくは知っている。

でも、言ってしまってから、ぼくはすぐにこうかいした。

ぼくとサトルは、ともだちだ。ともだちのひみつは、ぼくのひみつなんだ。

「うそ、うそ。じょーだん」

そう言おうとしたとき、ぼくのからだが、とつぜんちゅうにういた。

そして、つぎのしゅんかん、ぼくは、おもいっきり地面に投げだされた。

なにがおこったのか、しばらくわからなかった。

ぼくに馬のりになったサトルが、まっ赤な顔でゲンコツの雨をふらせていた。

サトルんちで見た、ようかい辞典《じてん》のおにばばあのような顔で。

ちょうど通りかかった＊ゴジラに、ひきはなされたあと、サトルはこしをぬかしたみたいに、すわりこんでしまった。

＊ゴジラ＝「ぼく」とサトルのクラスメイトのあだな。

尾《お》崎《ざき》美《み》紀《き》『さよなら　ごめんおばけ』（汐文社《ちょうぶんしゃ》刊《かん》）

やってみよう①

20行目「ぼくのおなかの中のモヤモヤ」とありますが、「ぼく」はどのような気持ちだったのでしょうか。書きましょう。

やってみよう②

サトルに「なんだよ、まだオネショしてるくせに！」（22行目）と言ってしまったあとの「ぼく」の気持ちを書きましょう。

次回は、自分の体験《たいけん》を思い出しながら、実際に感想文を書いていくよ。楽しみにしていてね！

答えは『答えと考え方』

第12回 読書感想文を書こう②

苦手な人は、映像《えいぞう》もチェック！

学習日 月 日

今回は実際《じっさい》に感想文を書いていくよ。取り組む前にもう一度24～25ページの文章をよく読んでね。

やってみよう①

もしもあなたが「ぼく」だったら、足かけ前まわりの連《れん》発《ばつ》を成功《せいこう》させたサトルを見て、どのような気持ちになりますか。また、どのような行動をとりますか。思いつく内容を書きましょう。

やってみよう②

「ぼく」とサトルのように、くやしさが原因《げんいん》で友達《ともだち》とけんかしてしまった経験《けいけん》や、いやな気持ちになった経験を思い出して書きましょう。

やってみよう③

このお話を読んで、あなたが考えたことや学んだことをかんたんに書きましょう。

●感想文を書くときのポイント

「感想文がうまく書けない」となやんでいる人も多いのではないでしょうか。まず、あまりよくない感想文にはどのような特《とく》ちょうがあるのかを見てみましょう。

あまりよくない感想文の例《れい》

・「おもしろかった」しか書いていない感想文
・あらすじばかり書いてある感想文

では、どのような感想文がよい感想文なのでしょうか。また、よい感想文を書くためにはどうしたらよいでしょう。

よい感想文とは

本を読んだときの自分の気持ちや、考えたことが伝《つた》わる感想文

このような感想文にするために←

・「自分が登場人物だったら、どのような気持ちになるか、どのような行動をするか」を考える。
・「本の内容《ないよう》とにたような自分の経験」を思い出す。

本の内容を自分に引きつけて考えることがポイントなんだね。さっそく下のらんに感想文を書いてみよう。

●感想文を書こう

答えは『答えと考え方』

このページを大きくコピーして使いましょう。

さいころ ⬇

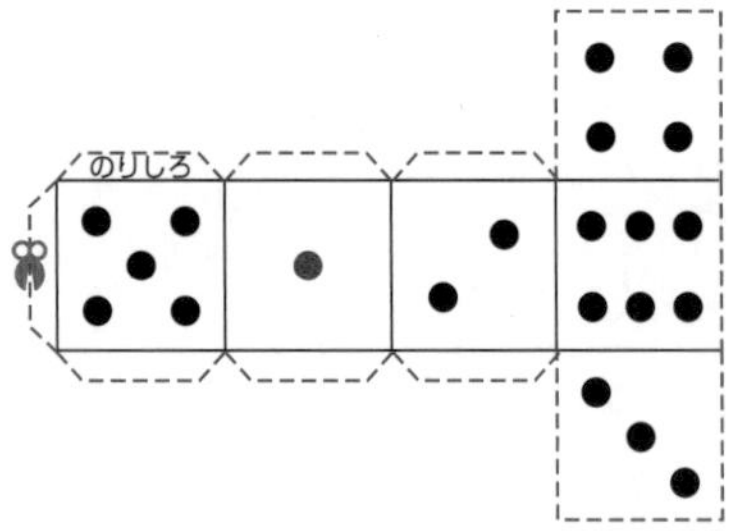
のりしろ

コマ ⬇

キリトリ線 --------

コマに絵や文字をかいたり，色をぬったりして，コマを完成させましょう。

すごろくのマス ⬇

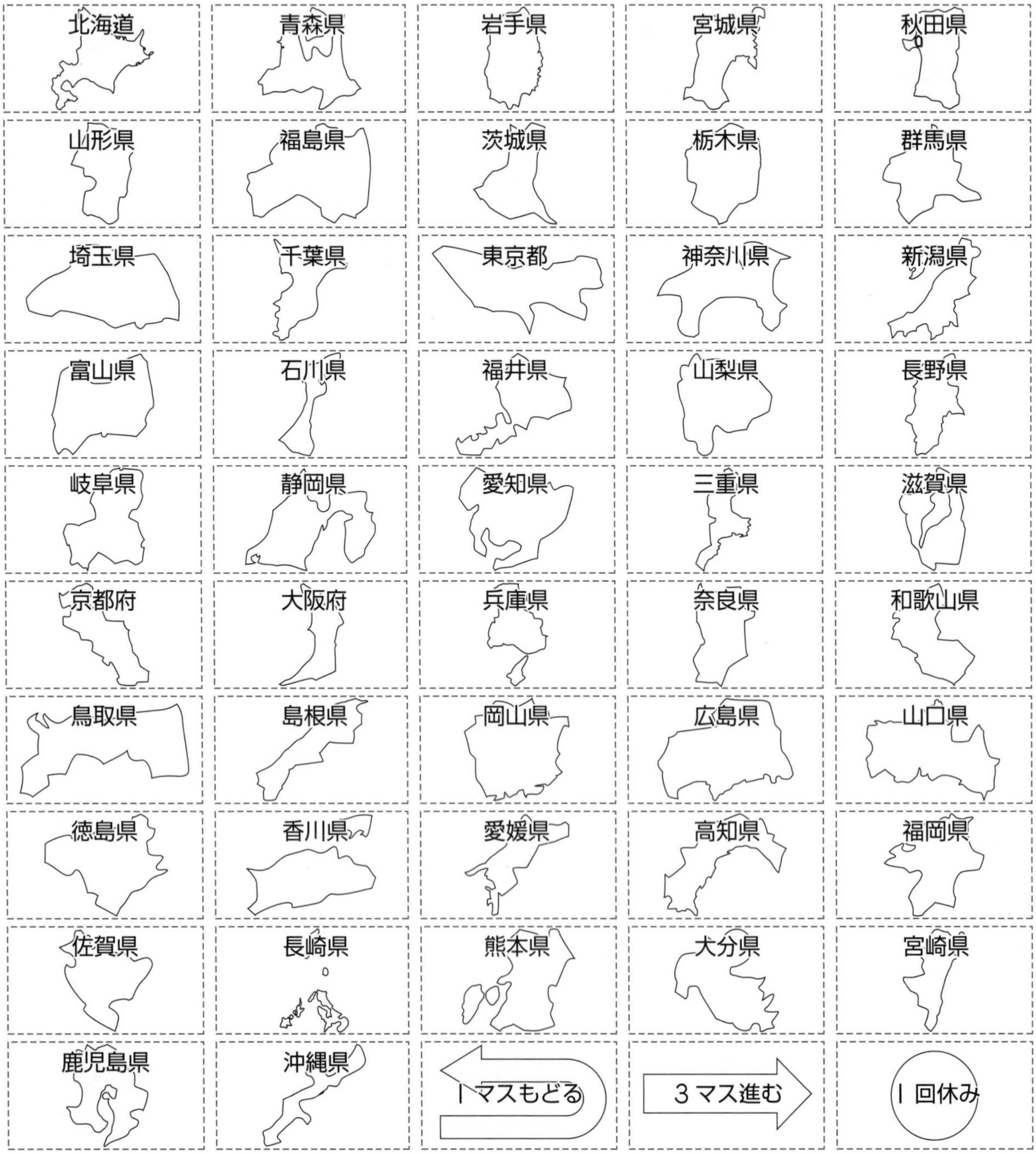
北海道
青森県
岩手県
宮城県
秋田県
山形県
福島県
茨城県
栃木県
群馬県
埼玉県
千葉県
東京都
神奈川県
新潟県
富山県
石川県
福井県
山梨県
長野県
岐阜県
静岡県
愛知県
三重県
滋賀県
京都府
大阪府
兵庫県
奈良県
和歌山県
鳥取県
島根県
岡山県
広島県
山口県
徳島県
香川県
愛媛県
高知県
福岡県
佐賀県
長崎県
熊本県
大分県
宮崎県
鹿児島県
沖縄県
１マスもどる
３マス進む
１回休み

まとめ

都道府県《とどうふけん》すごろくを作ろう

作ったすごろくで遊んでみよう

作ったすごろくで遊んでみて，感想を書きましょう。

書いてみよう

・がんばったところ

・むずかしかったところ

・すごろくで遊んでみて思ったこと

プラスワン 都道府県と地方区分

日本には，47の都道府県があります。都道府県は，北《ほっ》海道《かいどう》地方・東北《とうほく》地方・関東《かんとう》地方・中部《ちゅうぶ》地方・近畿《きんき》地方・中国《ちゅうごく》地方・四国《しこく》地方・九《きゅう》州《しゅう》地方の8つの地域に分けることができます。これらの地方区分を使うと，「関東地方南部」というように，1つの都道府県よりも広いはんいを表すことができます。

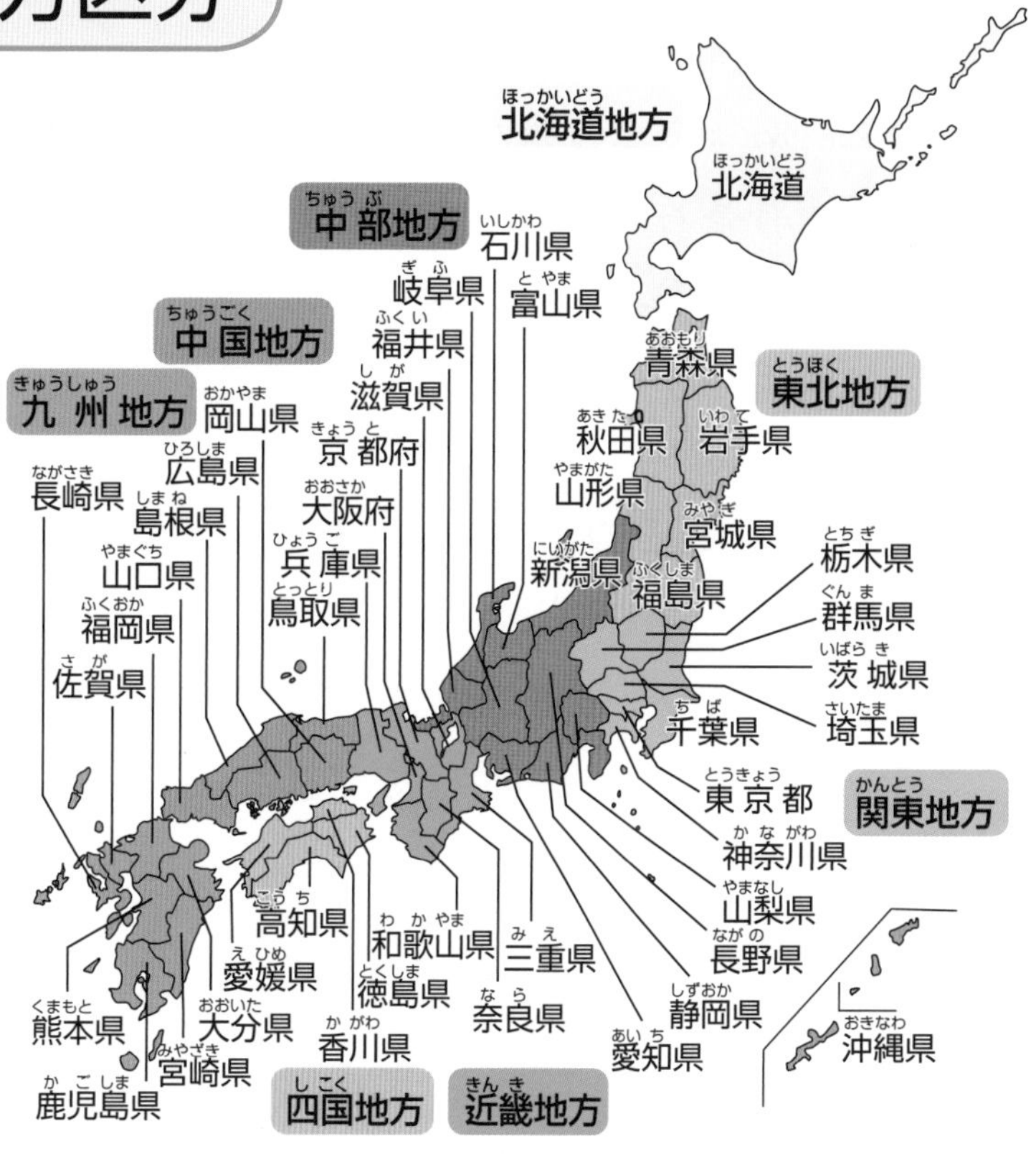

北海道地方《ほっかいどう》
北海道《ほっかいどう》
中部《ちゅうぶ》地方
石川《いしかわ》県
岐阜《ぎふ》県
富山《とやま》県
中国《ちゅうごく》地方
福井《ふくい》県
青森《あおもり》県
東北《とうほく》地方
九州《きゅうしゅう》地方
岡山《おかやま》県
滋賀《しが》県
秋田《あきた》県
岩手《いわて》県
京都府《きょうと》
広島《ひろしま》県
長崎《ながさき》県
島根《しまね》県
大阪府《おおさか》
山形《やまがた》県
宮城《みやぎ》県
山口《やまぐち》県
兵庫《ひょうご》県
新潟《にいがた》県
福島《ふくしま》県
栃木《とちぎ》県
福岡《ふくおか》県
鳥取《とっとり》県
群馬《ぐんま》県
茨城《いばらき》県
佐賀《さが》県
千葉《ちば》県
埼玉《さいたま》県
東京都《とうきょう》
関東《かんとう》地方
神奈川《かながわ》県
山梨《やまなし》県
高知《こうち》県
和歌山《わかやま》県
三重《みえ》県
長野《ながの》県
愛媛《えひめ》県
徳島《とくしま》県
静岡《しずおか》県
熊本《くまもと》県
大分《おおいた》県
香川《かがわ》県
奈良《なら》県
愛知《あいち》県
沖縄《おきなわ》県
宮崎《みやざき》県
鹿児島《かごしま》県
四国《しこく》地方
近畿《きんき》地方

マスに書く内容を決めたら，実際《じっさい》にすごろくを作ってみましょう。

すごろくの作り方

① すごろくのマスを作る

1．28ページにのっているすごろくのマスを大きくコピーしましょう。
2．それぞれのマスには都道府県の形と都道府県名がかかれています。左のページで書き出したことを，それぞれの都道府県のマスに書いていきましょう。
3．すごろくのマスを1つずつ切り取りましょう。

都道府県名しか書いていないマスがあってもいいよ。

わたしは，テーマにあてはまることがなかった県のうちの1つに，「1回休み」って書いてみたよ。

② すごろくのマスをならべる

1．何も書いていない大きな紙と，すごろくのマスを用意しましょう。
2．スタートとゴールの位置《いち》を決めましょう。
3．マスのならべ方を考えましょう。

マスのならべ方の例

・北にある都道府県から順番《じゅんばん》にならべる。
・都道府県名のあいうえお順でならべる。
・大きな紙の真ん中に日本地図をかいて，そのまわりにマスをならべる。

マスのならべ方をくふうしてみよう。『答えと考え方』になおとさんの例がのっているから，参考《さんこう》にしてもいいよ。

4．マスのならべ方を決めたら，マスを大きな紙にはりましょう。

③ マスとマスを線でつなぐ

・マスとマスを線でつなぎましょう。
・スタートからゴールまで，すべてのマスを通るように気をつけましょう。

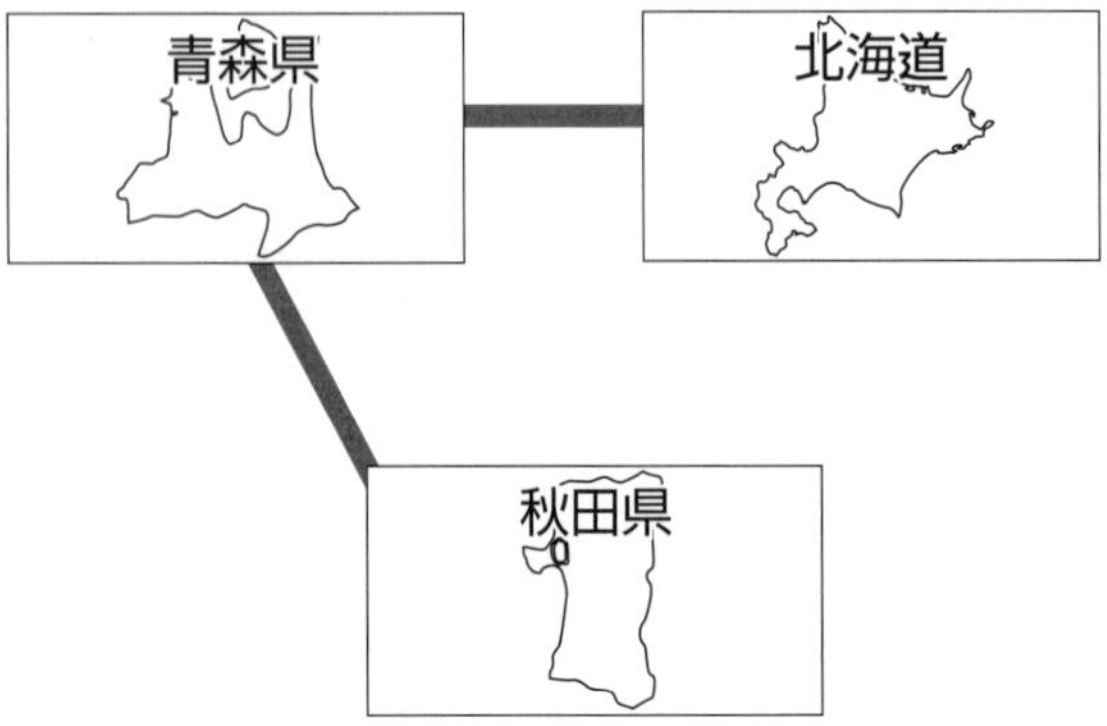

④ すごろくを完成《かんせい》させる

あいている場所に絵をかいたり色をぬったりして，すごろくを完成させましょう。

都道府県《とどうふけん》すごろくを作ろう

体けん

すごろくのマスを作ろう

調べたことをもとに，すごろくのマスに書く内容を考え，下の表に書き出してみましょう。書き出した都道府県の場所や形をかくにんし，33 ページの地図中の番号を表に書きましょう。

すべての都道府県のマスをうめなくてよいけれど，テーマにあてはまる都道府県が少ないときは，テーマをかえるか，テーマを広げよう。

なおとさんの例《れい》

テーマ：日本の祭り

都道府県	マスに書くこと	地図中の番号
神奈川《かながわ》県	湘南《しょうなん》ひらつか七夕まつり	⑭
北海道《ほっかいどう》	さっぽろ雪まつり	①

都道府県	マスに書くこと	地図中の番号

ここに書ききれなかったら，ノートに書きましょう。

手順

1 テーマを決める
いくつかテーマを考えて，その中からすごろくのテーマを選《えら》びましょう。

2 すごろくのマスに書く内容を考える
47都道府県分のすごろくのマスが必要《ひつよう》です。47マスのうち**20マス以上**に，テーマにそって調べてわかったことを書きましょう。

3 すごろくを作る
28ページにあるすごろくのマスを使って，すごろくを作ってみましょう。

書いてみよう

すごろくのテーマを考えて，案《あん》を書き出してみよう。
・
・
・

お祭りをテーマにしようかな。新幹線《しんかんせん》の駅やお城《しろ》にしてもおもしろそう。

テーマはすべての都道府県にあてはまらなくてもいいよ。ただし，あてはまる都道府県が少なすぎないか注意しよう。

書いてみよう

すごろくのテーマは，＿＿＿＿＿＿＿＿＿＿＿＿＿＿＿＿

調べ方のコツ

テーマが決まったら，それぞれの都道府県について調べてみましょう。
都道府県について調べるには，次のような方法《ほうほう》があります。

●図書館に行って，本で調べる。
・都道府県の特色《とくしょく》を取り上げている本を見る。
・テーマにそった内容《ないよう》を取り上げている本を見る。

●インターネットで都道府県などのウェブサイトを見る。

＊地図帳にもいろいろなじょうほうがのっているので，使ってみましょう。

じゅんび

都道府県《とどうふけん》すごろくを作ろう

すごろくのテーマを考えよう

じゅんびするもの

・大きな紙　・筆記用具　・はさみ　・のり

みすずさんとなおとさんが，住んでいる神奈川《かながわ》県のお祭りについて話をしています。

この前，七夕《たなばた》のお祭りに行ったんだ。この七夕祭りは全国でも有名なんだって。

ほかの地域《ちいき》には，どんなお祭りがあるのかな？　いろいろなお祭りに行ってみたいな。

ふたりは，テーマを決めて都道府県を調べ，すごろくを作ることにしました。

やってみよう

あなたが住んでいる都道府県について考えてみよう。

●あなたが住んでいる都道府県名を書こう。

（　　　　　　　）

●右の地図中のあなたが住んでいる都道府県に色をぬろう。

①
②
③
④
⑤
⑥
⑦
⑧
⑨
⑩
⑪
⑫
⑬
⑭
⑮
⑯
⑰
⑱
⑲
⑳
㉑
㉒
㉓
㉔
㉕
㉖
㉗
㉘
㉙
㉚
㉛
㉜
㉝
㉞
㉟
㊱
㊲
㊳
㊴
㊵
㊶
㊷
㊸
㊹
㊺
㊻
㊼

①研究テーマを書こう。
何の研究をしたのかわかりやすいタイトルをつけよう。

②名前を書こう。
自分の名前をわすれずに書こう。

③研究のきっかけを書こう。
なぜ月の観察をしようと思ったのかを書こう。

④研究で使ったものを書こう。
今回の月の観察で使用したものを書こう。37 ページであげたじゅんびするもののほかに，使ったものがある場合は，それもわすれずに書こう。

⑤研究の方法を書こう。
月をどのような方法で観察したかを書こう。

「体けん」の手順を書くといいよ。

⑥研究の結果を書こう。
観察シートをのせよう。

⑦気づいたこと・調べたことを書こう。
観察シートにメモした「気づいたこと」と，調べてわかったことを具体的に書こう。図を入れて説明してもいいよ。

【ポイント】

・月の**形**は**時刻**によってどうなったかな？

・月の**位置**は**時刻**によってどうなったかな？

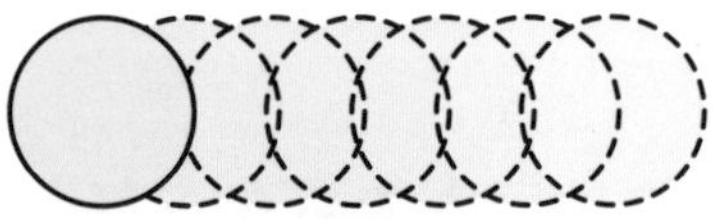

・月の**もよう**はどのように見えたかな？

⑧感想を書こう。
研究を終えた感想や，「もう少しこうすればよかった」などの反省点を書こう。今後，研究をどのようにはってんさせたいかについて書いてもいいよ。

⑨使った本・インターネットサイトを書こう。
研究で使用した本，新聞，インターネットサイトの名前やアドレスを書こう。

もっとくわしく調べる場合のアイディアは，『答えと考え方』にのっているよ。

理科

月はかせになろう

まとめ

研究結果をまとめよう

体けんでメモしたことをもとにして，研究報告《ほうこく》レポートを作りましょう。

レポートってなんだかむずかしそうだな……。

書き方のポイントがあるから，それをおさえればだいじょうぶだよ。順番《じゅんばん》に見ていこう。

まとめ方 ※ここでは，研究結果をもぞう紙にまとめる場合のやり方を説明《せつめい》します。

①研究テーマ **②名前**

月の観察

■年 ■組 [redacted]

③研究のきっかけ

研究のきっかけ

太陽とちがい，月は形が変化することに気づいた。そこで，月の動き方も太陽とちがうかどうかを観察して調べて，明らかにしたいと思ったから。

④研究で使ったもの

研究で使ったもの

・ノート・筆記用具・方位じしん・ビニルテープ・そう眼鏡・かい中電灯・デジタルカメラ

⑤研究の方法

研究の方法

①新聞にのっている月のこよみをかくにんし，月の形，月の出，月の入りの時刻をノートにかく。 ▶ ②観察時刻，場所をけんとうする。観察場所に行き，方位を方位じしんで調べ，立ち位置をテープで決める。景色をかんたんにかく。 ▶ ③観察時刻に月を観察し，形と時刻を記録する。 ▶ ④1時間ごとに月の形，時刻を記録する。

⑥研究の結果

研究の結果

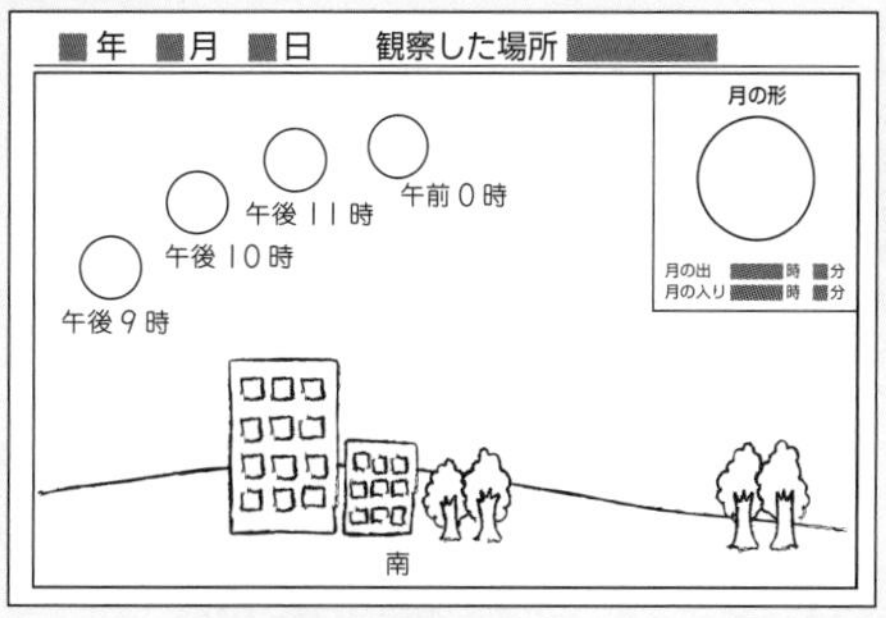
■年 ■月 ■日 観察した場所 [redacted]
午後９時
午後１０時
午後１１時
午前０時
南
月の形
月の出 [redacted]時 ■分
月の入り [redacted]時 ■分

いちばん高い位置にきた時（南）

月のもよう

⑦気づいたこと・調べたこと

気づいたこと・調べたこと

- 満月の位置は，時刻によって同じくらいの間かくで移動した。
  →地球が自転し，それにおうじて，月も一定の間かくで，ずれて見えているらしい。
- 月のもようは，ウサギがもちをついているように見えた。もようは時刻によって変化しなかった。
  →月のもようは国によって見立てられ方がちがうらしい。月はずっと地球に同じ面を向けているらしい。

⑧感想

感想

- もっといろいろな種類の月（半月や三日月）も観察したいと思った。
- まわりの開けた場所で観察したので，観察しやすかった。
- 今後は，午前に見える月（下弦の月）と午後に見える月（上弦の月）や三日月の，見え方のちがいも研究しようと思う。

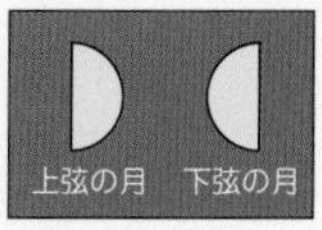
上弦の月
下弦の月

⑨使った本・インターネットサイト

使った本・インターネットサイト

[redacted] 図かん [redacted] 辞典

https://[redacted]

観察シート

年　　月　　日　　観察した場所

月の形

月の出　　　　　時　　分
月の入り　　　　時　　分

【気づいたこと】

やってみよう

月のもようをスケッチしよう。

満月をじっくり観察して，月のもようを右の○にかいてみよう。そう眼鏡があると観察しやすいよ。

日本では，月のもようはもちをつくウサギに見立てられているよ。あなたは何に見えたかな。

体けん

月はかせになろう

月を観察しよう

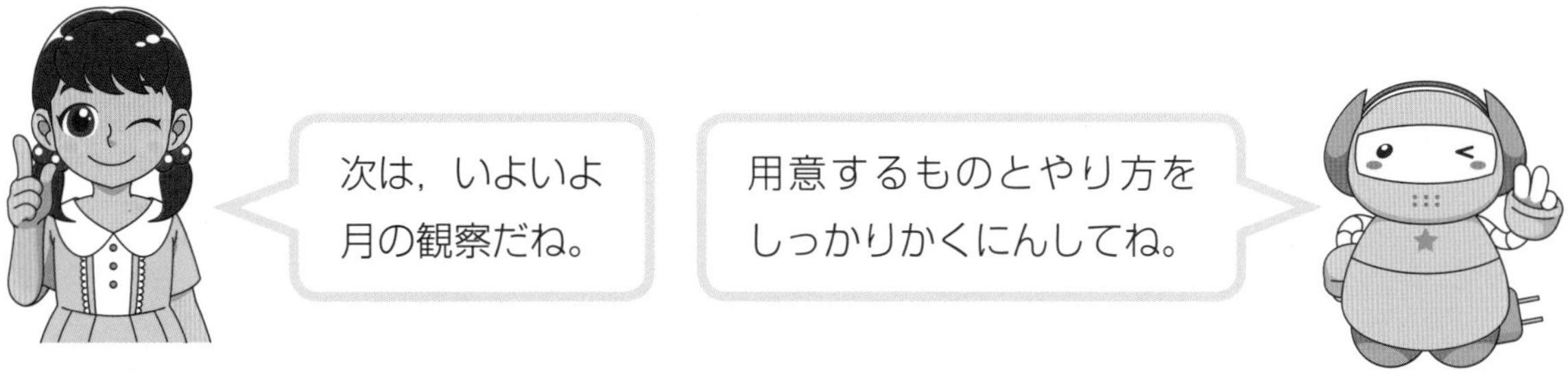
次は，いよいよ
月の観察だね。
用意するものとやり方を
しっかりかくにんしてね。

月の観察

じゅんびするもの

・筆記用具　・方位じしん　・ビニルテープ（観察場所に印《しるし》をつけられるもの）

…………………（必要におうじて次のものもあるとよいでしょう）…………………

・そう眼鏡《がんきょう》　・かい中電灯《でんとう》

手順

①観察場所を決めます。

家の庭やベランダ，家の近くの公園など，月が見える場所を探《さが》し，観察場所とします。同じ場所で観察できるよう，ビニルテープなどで印をつけておきましょう。

※必《かなら》ず，おうちの方と出かけましょう。

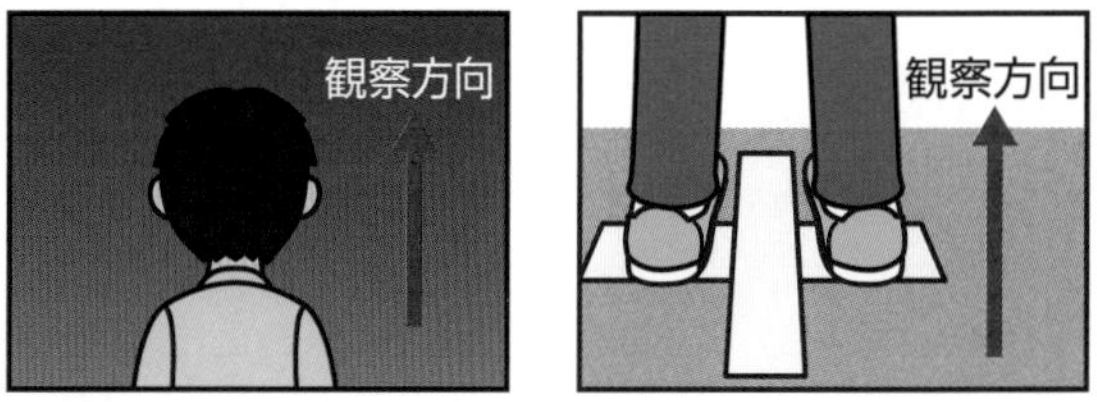
観察方向
観察方向

②観察シートのじゅんびをします。

36ページの「観察シート」に，目印となる建物や景色をかきこんでおきましょう。

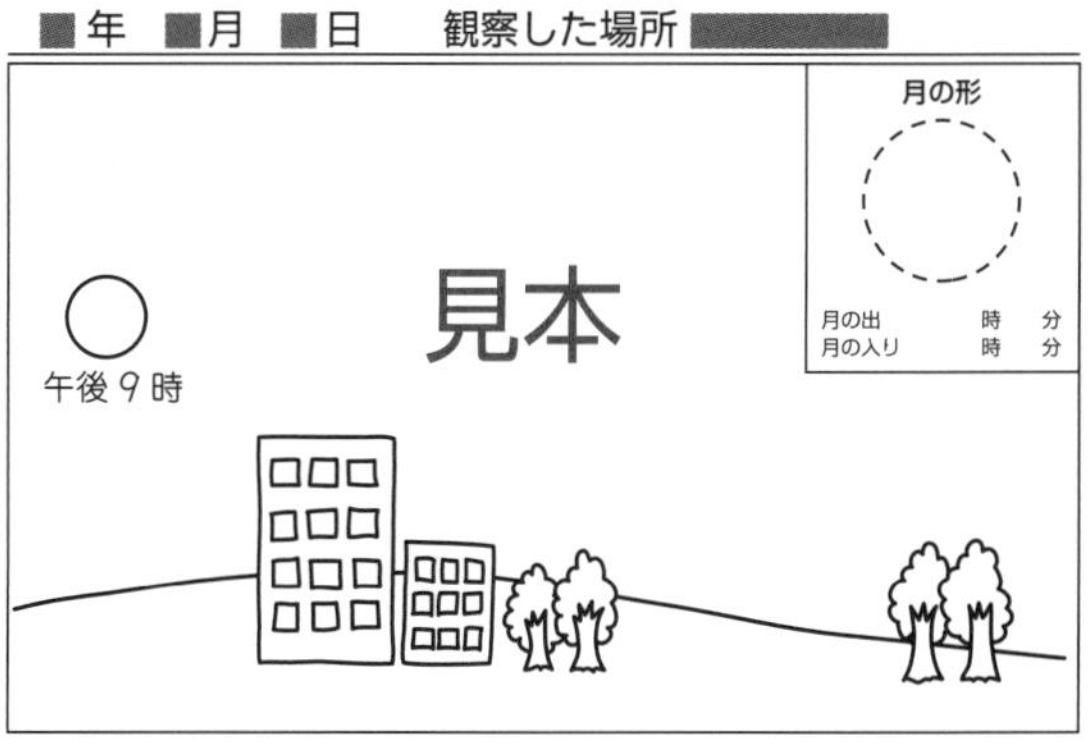
年　月　日　観察した場所
月の形
月の出　時　分
月の入り　時　分
見本
午後９時

③月の位置を記録します。

②でじゅんびができたら，月の位置を記録します。月の近くに，観察した時刻も書いておきましょう。

④１時間おきに観察します。

③と同じ観察シートに，１時間後の月の位置を書きましょう。気づいたこともメモしておきましょう。

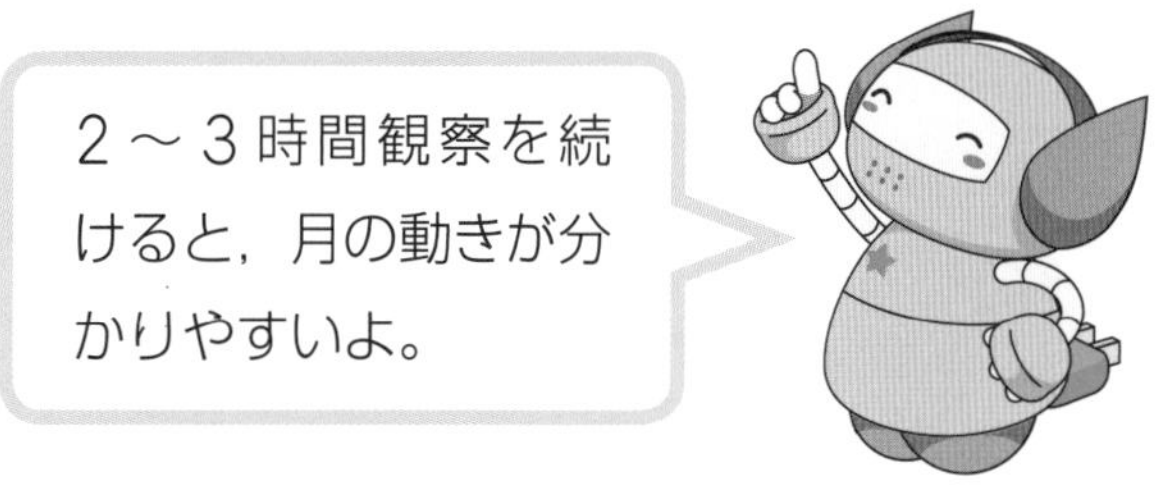
２～３時間観察を続けると，月の動きが分かりやすいよ。

月の形のかわり方

月の形のかわり方には決まりがあり，下の図のようにかわっていきます。

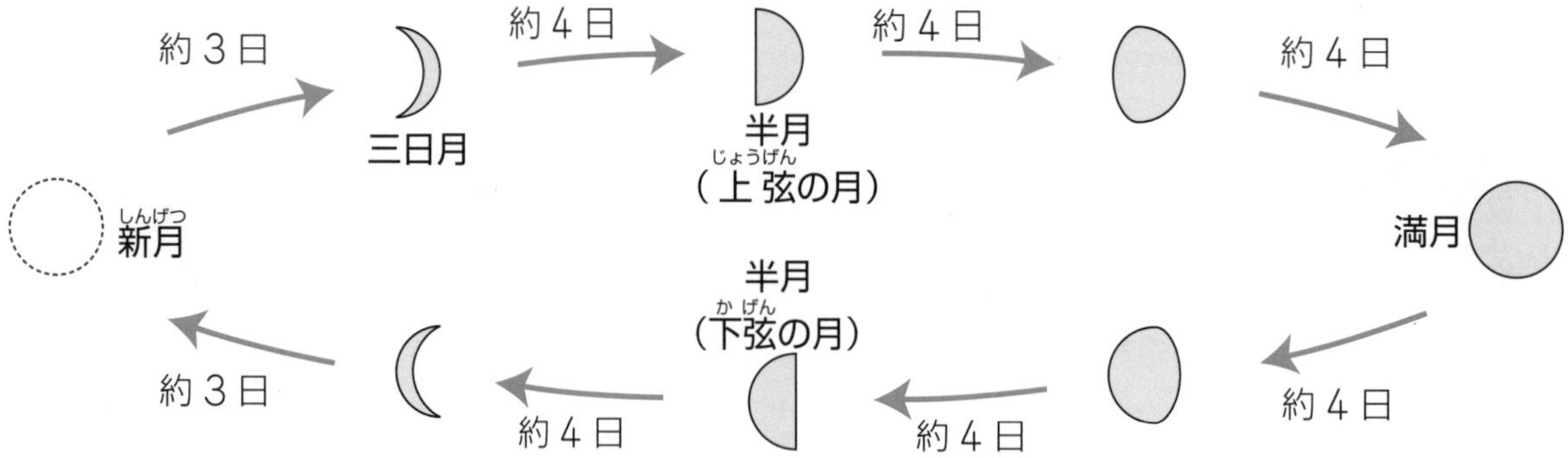

新月《しんげつ》
約３日
三日月
約４日
半月
（上弦《じょうげん》の月）
約４日
約４日
満月
約４日
約４日
半月
（下弦《かげん》の月）
約４日
約３日

やってみよう

明日の月を調べよう。

①　新聞（または，インターネット）で，明日の月の形と月の出，月の入りの時刻を調べて，右の□に書こう。

②　上の 月の形のかわり方 の中から，①で調べた月にいちばん近い形を探《さが》し，何日後に満月になるかを書こう。

明日の月	
【形】	【月の出】　　時　　分 【月の入り】　　時　　分
満月になるのは，約（　　　）日後	

明日，満月が見られる場合は，何日後に「下弦の月」になるかを考えてみてね。

満月は，夕方ごろ東の空で見ることができます。上の やってみよう で調べた満月の日に，月の動きを観察《かんさつ》してみましょう。

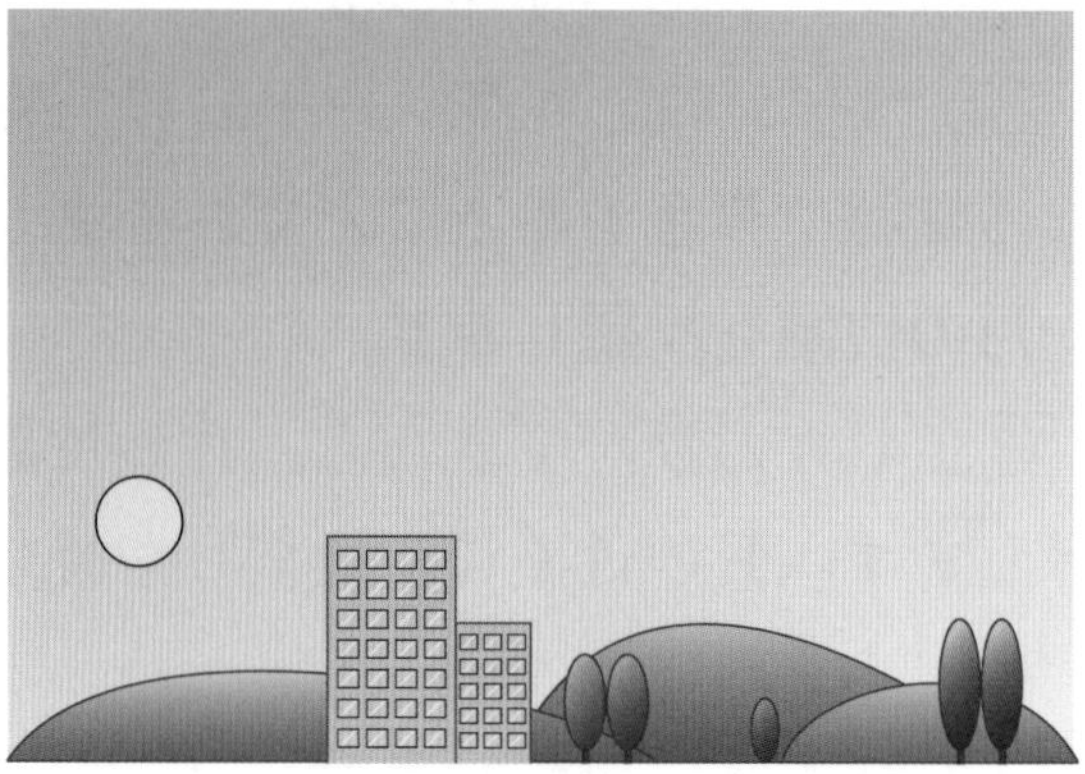

観察する日は，

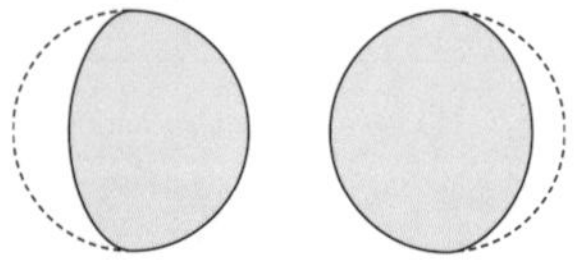

などの，ちょうど満月の日じゃなくてもいいよ。

満月になるまで日数がかかる場合は，別の形を観察してもいいよ。観察しやすい月の形と見える時刻は，答えと考え方の１７ページを見てね。

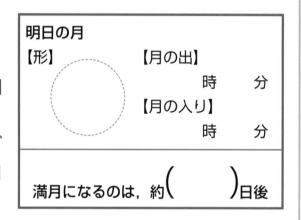

月はかせになろう

じゅんび　月について調べよう

きのう月を見たら，真ん丸な形をしていたよ。この間見たときは細長い形をしていたのになぁ。ふしぎだね。

月は形が変化《へんか》していくのよね。３年生の時には太陽の動き方を習ったけれど，月も同じように動くのかな？

それじゃあ，月の形や動き方を調べて，その結果《けっか》をまとめてみよう。

クイズ　日本でのわたしたちが見る太陽や月に関《かん》するクイズだよ。

❶ 太陽はどのように動くかな？

① 西からのぼって，南の空を通り，東にしずむ。
② 東からのぼって，北の空を通り，西にしずむ。
③ 東からのぼって，南の空を通り，西にしずむ。

（　　　）

❷ 月はどのように動くかな？

① 太陽と同じ向きに動く。
② 太陽と反対向きに動く。

（　　　）

クイズの答えは，『答えと考え方』にのっているよ。

月のこよみ

月の形や月の出・月の入《い》りの時刻《じこく》は，新聞などから知ることができます。

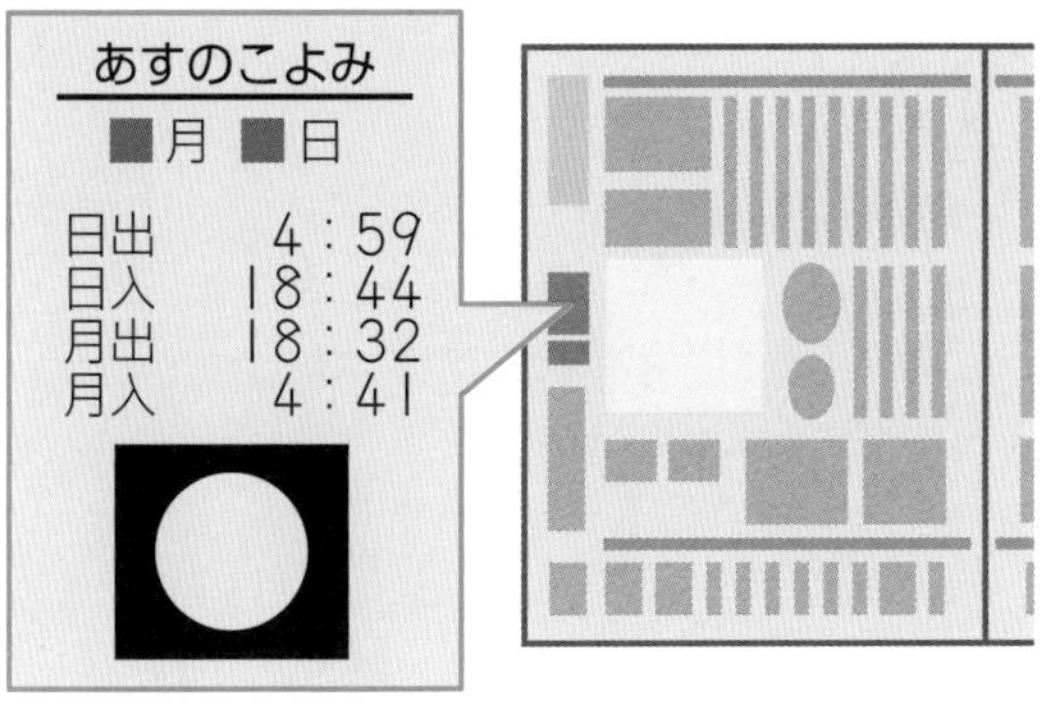
あすのこよみ
■月 ■日
日出　4：59
日入　18：44
月出　18：32
月入　4：41

月がのぼることを月の出，しずむことを月の入りというよ。それぞれの時刻は，月の中心が地平線（水平線）上にくる時刻を表しているよ。

※月のこよみは，国立天文台のウェブサイトからも調べることができます。

3 ゆたかさんは今 5000 円持っています。下の表にある品物を１つずつ買うとき，5000 円でたりるかどうかを調べて，「たりる」「たりない」のどちらかで答えなさい。(15 点)

水着	1990 円
ビーチボール	1000 円
うきわ	1350 円

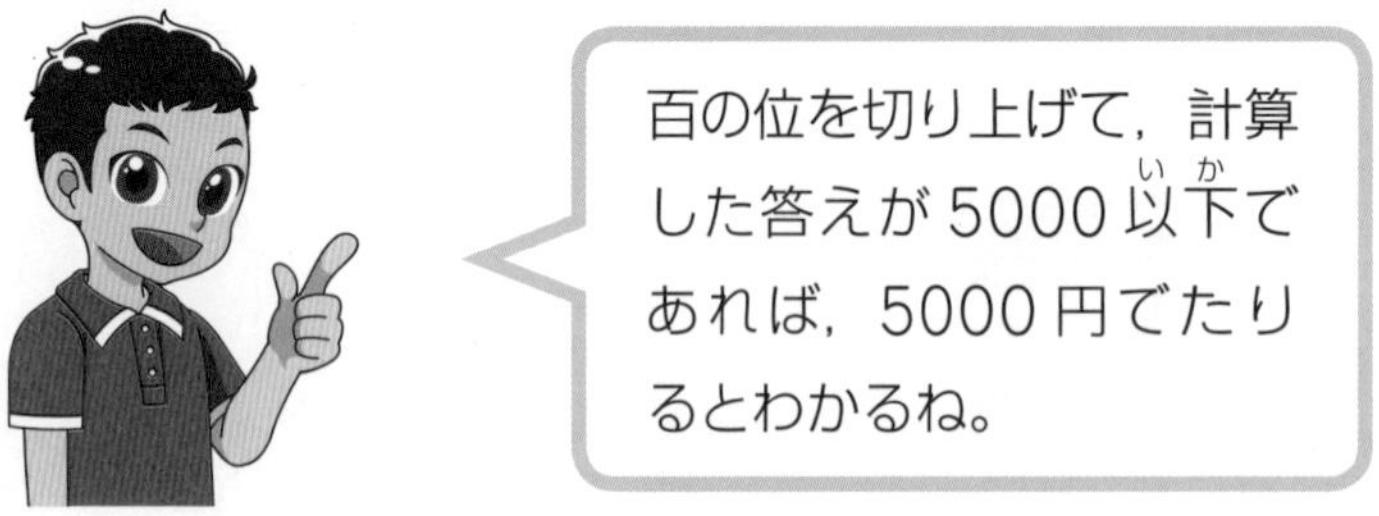
百の位を切り上げて，計算した答えが 5000 以下《いか》であれば，5000 円でたりるとわかるね。

(　　　　　　)

4 あるデパートでは，買い物をした金額《きんがく》の合計が 3000 円をこえると，ちゅう車料金《りょうきん》が無料《むりょう》になります。下の表にある品物を１つずつ買うとき，3000 円をこえるかどうかを調べて，「こえる」「こえない」のどちらかで答えなさい。(15 点)

フライパン	1575 円
水切りかご	420 円
フライ返し	650 円
皿	525 円

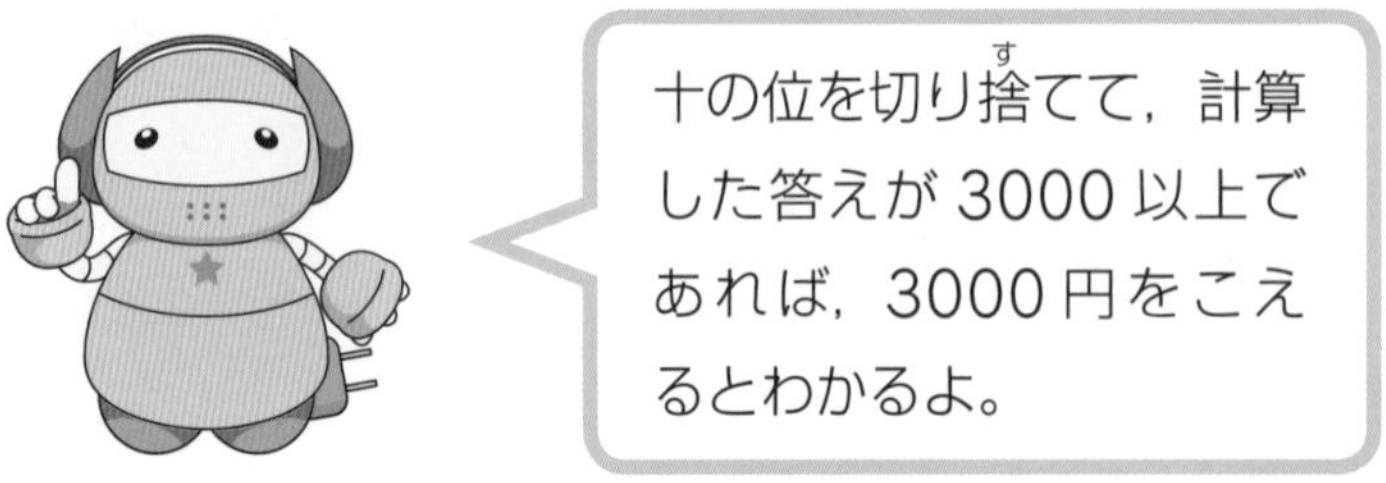
十の位を切り捨《す》てて，計算した答えが 3000 以上であれば，3000 円をこえるとわかるよ。

(　　　　　　)

答えは『答えと考え方』

学習日　　月　　日

得点《とくてん》

／100点

第16回　がい算と見《み》積《つ》もり

❶ 右の表は，ある博物館《はくぶつかん》の７月と８月の入館者数を表しています。このとき，次の問いに答えなさい。

	入館者数
７月	23758人
８月	19463人

(1) ７月と８月の入館者数を，それぞれ四捨五入《ししゃごにゅう》して千の位《くらい》までのがい数にしなさい。

（各《かく》10点）

７月（　　　　　　　）　８月（　　　　　　　）

(2) ７月と８月の入館者数の合計は，約《やく》何万何千人ですか。(1) の答えを使って求《もと》めなさい。（式・答え各10点）

[式]

答え（　　　　　　　）

❷ ふみかさんの学校の４年生47人が遠足に行きます。1人分の交通費《こうつうひ》は560円です。このとき，次の問いに答えなさい。

(1) 交通費の合計を求める式を書きなさい。（10点）

（　　　　　　　）

(2) ４年生の人数と１人分の交通費をそれぞれ上から１けたのがい数にして，交通費の合計を見積もりなさい。（見積もりの式・見積もり各10点）

[見積もりの式]

見積もり（　　　　　　　）

4 次の問いに答えなさい。(各 10 点)

(1) 四捨五入して十の位までのがい数にしたとき，350 になる整数をすべて書きなさい。

(　　　　　　　　　　　　　　　　　　　　　　　　)

(2) 四捨五入して百の位までのがい数にしたとき，7200 になる整数のはんいを書きなさい。

(　　　　　　) から (　　　　　　) まで

(3) 四捨五入して千の位までのがい数にしたとき，18000 になる数のはんいを以上《いじょう》と未満《みまん》を使って書きなさい。

(　　　　　　) 以上 (　　　　　　) 未満

5 あるプールの 7 月の来場者数は，四捨五入して千の位までのがい数にすると，36000 人になるそうです。入場者数は，いちばん少なくて何人，いちばん多くて何人と考えられますか。(各 10 点)

いちばん少なくて (　　　　　　) 人

いちばん多くて (　　　　　　) 人

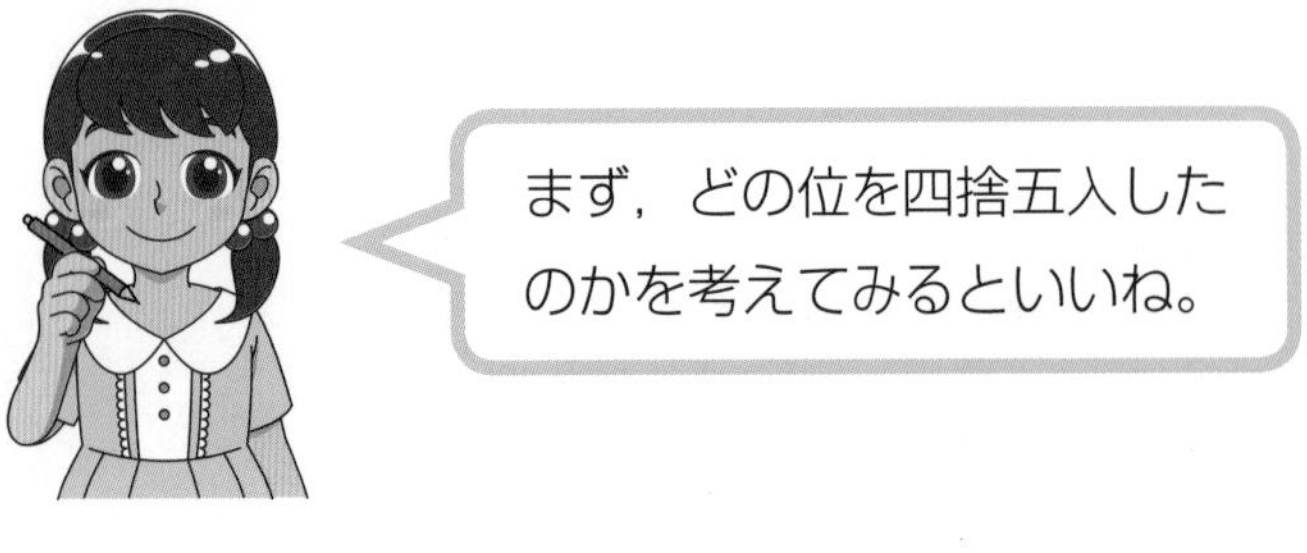
まず，どの位を四捨五入したのかを考えてみるといいね。

答えは『答えと考え方』

第15回 がい数

学習日　　月　　日

得点《とくてん》　　／100点

❶ 次の（1）～（4）の数を四捨五入《ししゃごにゅう》して，［　］の中の位《くらい》までのがい数にしなさい。（各《かく》5点）

（1）1273［百］

（　　　　　）

（2）2845［百］

（　　　　　）

（3）47961［千］

（　　　　　）

（4）73154［一万］

（　　　　　）

❷ 次の㋐～㋕のうち，四捨五入して上から1けたのがい数にしたとき，3千になるものをすべて選《えら》び，記号で答えなさい。（10点）

㋐ 2541　　㋑ 2489　　㋒ 3762

㋓ 3384　　㋔ 29618　　㋕ 2800

（　　　　　）

❸ 次の（1）～（4）の数を四捨五入して，上から2けたのがい数にしなさい。（各5点）

（1）2536

（　　　　　）

（2）8274

（　　　　　）

（3）48190

（　　　　　）

（4）523762

（　　　　　）

❷ ゴーヤが全部で 2845 本あります。25 本ずつ箱につめていくと，何箱できて，何本あまりますか。(式・答え各 10 点)

[式]

答え (　　　　　　) 箱できて，(　　　　　　) 本あまる。

❸ ある店では，ふうりんが 3000 円，うちわが 500 円で売られています。ふうりんのねだんは，うちわのねだんの何倍ですか。(式・答え各 10 点)

[式]

答え (　　　　　　)

❹ ある数を 83 でわるところをまちがえて 38 でわったので，商が 26 であまりが 2 になりました。このとき，次の問いに答えなさい。

(1) ある数を求めなさい。(15 点)

(　　　　　　)

(2) 正しい答えを求めなさい。(10 点)

(　　　　　　)

答えは『答えと考え方』

第14回

2けたのわり算 (2)

学習日　月　日

得点《とくてん》　／100点

❶ 次のわり算をしなさい。あまりがある場合はあまりも求《もと》めなさい。(各《かく》5点)

(1)

42)94

(2)

19)570

(3)

26)598

(4)

18)947

(5)

124)683

(6)

37)271

(7)

230)9200

わられる数とわる数を10でわっても商は変《か》わらないから，下の筆算のように0を消して，920÷23を計算すればいいね。

230)9200

❷ 550円で，１さつ80円のノートは何さつ買えて，何円あまりますか。

（式・答え各10点）

［式］

答え（　　　　）さつ買えて，（　　　　）円あまる。

❸ ひまわりの種《たね》が82つぶあります。このとき，次の問いに答えなさい。

（１）ひまわりの種を１ダースずつふくろに入れていくと，何ふくろできて，何つぶあまりますか。ただし，１ダースは12つぶです。

（式・答え各15点）

［式］

答え（　　　　）ふくろできて，（　　　　）つぶあまる。

（２）（１）の答えが正しいかどうかをたしかめます。次の式の□にあてはまる数を書き入れなさい。（10点）

12 × □ + □ = 82

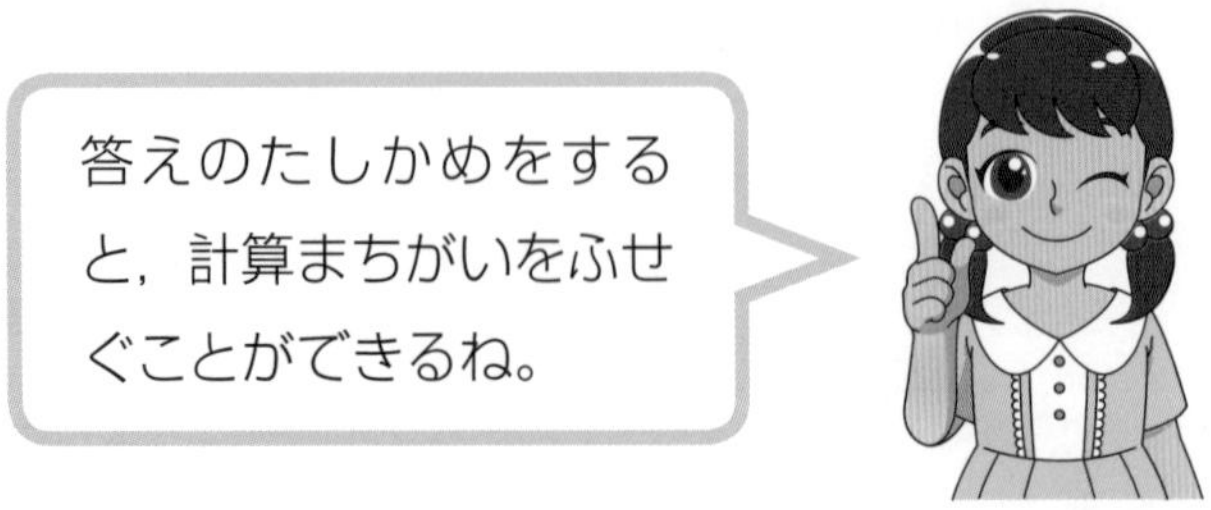
答えのたしかめをすると，計算まちがいをふせぐことができるね。

答えは『答えと考え方』

第13回

2けたのわり算（1）

学習日　　月　　日

得点《とくてん》
／100点

❶ 次のわり算をしなさい。あまりがある場合はあまりも求《もと》めなさい。（各《かく》5点）

(1)
$32\overline{)96}$

(2)
$47\overline{)95}$

(3)
$14\overline{)78}$

(4)
$29\overline{)90}$

(5)
$18\overline{)81}$

(6)
$12\overline{)80}$

(7)
$35\overline{)85}$

(8)
$43\overline{)98}$

❸ くふうして，次の計算をしなさい。（各５点）

（1）９×５＋11×５　　（2）43×17－33×17

❹ 次の問いについて，問題文にある数を使って１つの式に表し，答えを求《もと》めなさい。

（1）えんぴつを１人に５本ずつ配ります。昨日《きのう》は18人，今日は17人に配りました。えんぴつは全部で何本配りましたか。（式・答え各10点）

［式］

答え（　　　　　）

（2）ある店でメロンを２こ買うと5000円，ももを５こ買うと2500円でした。この店で，メロン１こともも３こを買うと，代金は全部で何円ですか。

（式・答え各10点）

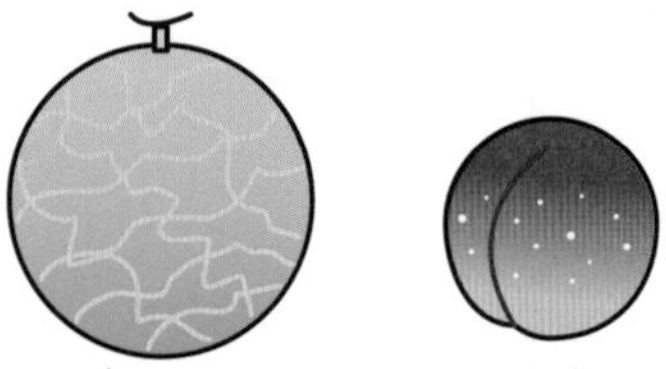

［式］

答え（　　　　　）

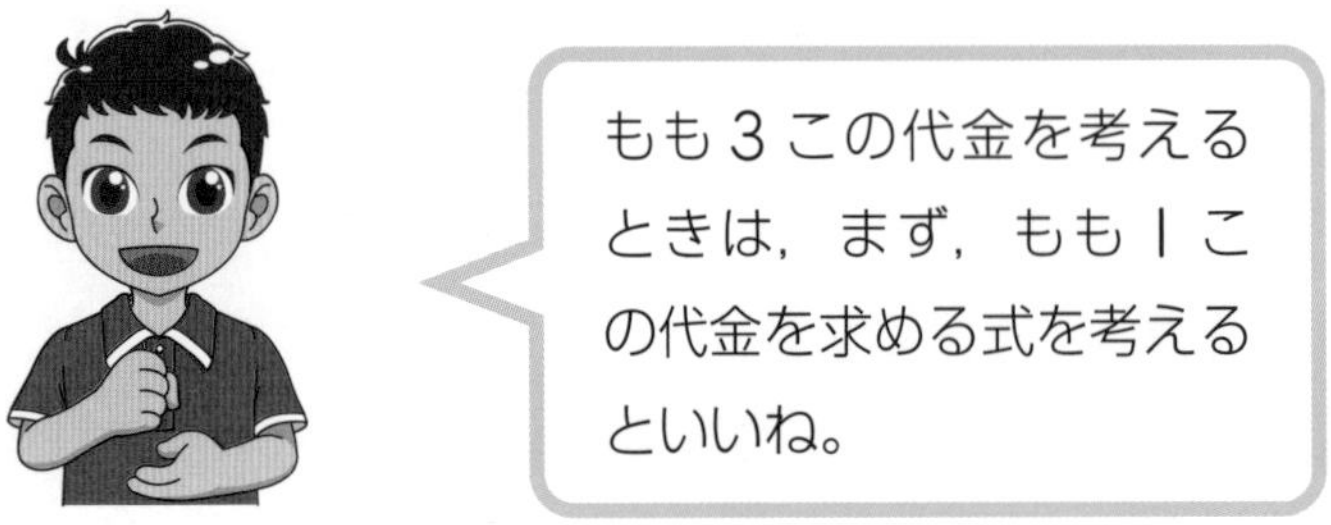
もも３この代金を考えるときは，まず，もも１この代金を求める式を考えるといいね。

答えは『答えと考え方』

第12回 式と計算

学習日　　月　　日

得点《とくてん》　　／100点

❶ 次の計算をしなさい。(各《かく》5点)

(1) 21 × (18 + 32)

(2) 73 + 84 ÷ 7

(3) 120 ÷ 8 − 4 × 3

(4) (11 + 5) × (9 − 3)

(5) 56 ÷ (2 + 6) × 5

(6) 8 − (40 − 4) ÷ 9

(7) 37 − (3 + 3 × 8)

(8) (23 + 8 ÷ 2) ÷ 3

❷ 次の□にあてはまる数を書き入れなさい。(各2点)

97 × 25 = (100 − [①]) × 25

= 100 × [②] − [①] × 25

= [③] − [④]

= [⑤]

❷ 右の図形はひし形です。次の問いに答えなさい。

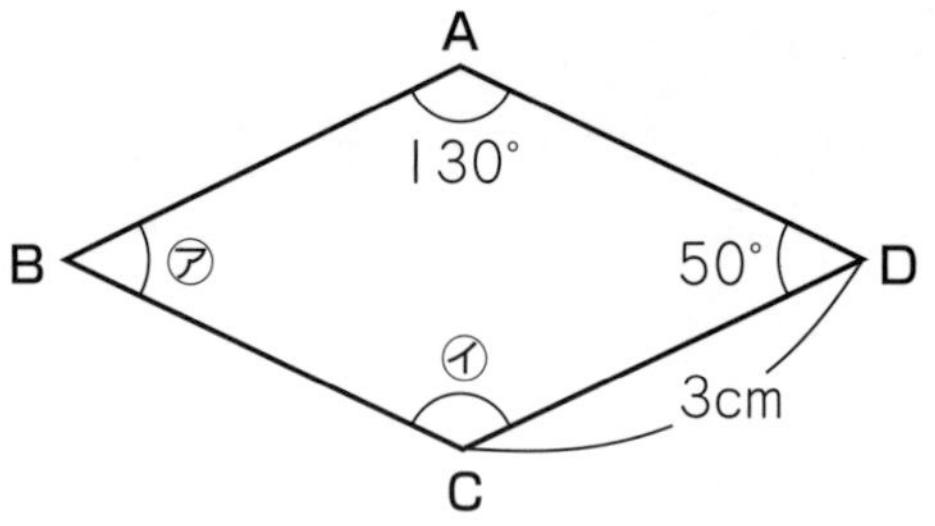

(1) 辺BCの長さは何cmですか。

(5点)

(　　　　　)

(2) ㋐，㋑の角度を分度器を使わないで求《もと》めなさい。(各5点)

㋐ (　　　　　) ㋑ (　　　　　)

❸ 次の (1) ～ (3) のような四角形を，下からすべて選《えら》び，名前を書きなさい。

(各15点)

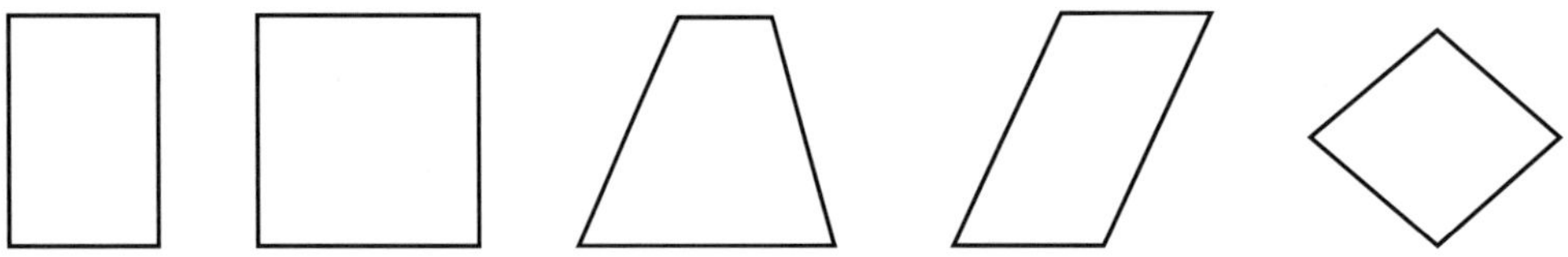

長方形　正方形　台形　平行四辺形　ひし形

(1) 4つの角の大きさがすべて90° の四角形

(　　　　　　　　　　)

(2) 向かい合う1組の辺だけが平行な四角形

(　　　　　　　　　　)

(3) 2本の対角線が必《かなら》ず垂直《すいちょく》である四角形

(　　　　　　　　　　)

答えは『答えと考え方』

第11回

四角形

学習日　月　日

得点《とくてん》
／100点

❶ 三角じょうぎ，分度器《ぶんどき》，コンパスを使って，次の（1），（2）のような図形をかきなさい。（各《かく》20点）

（1）

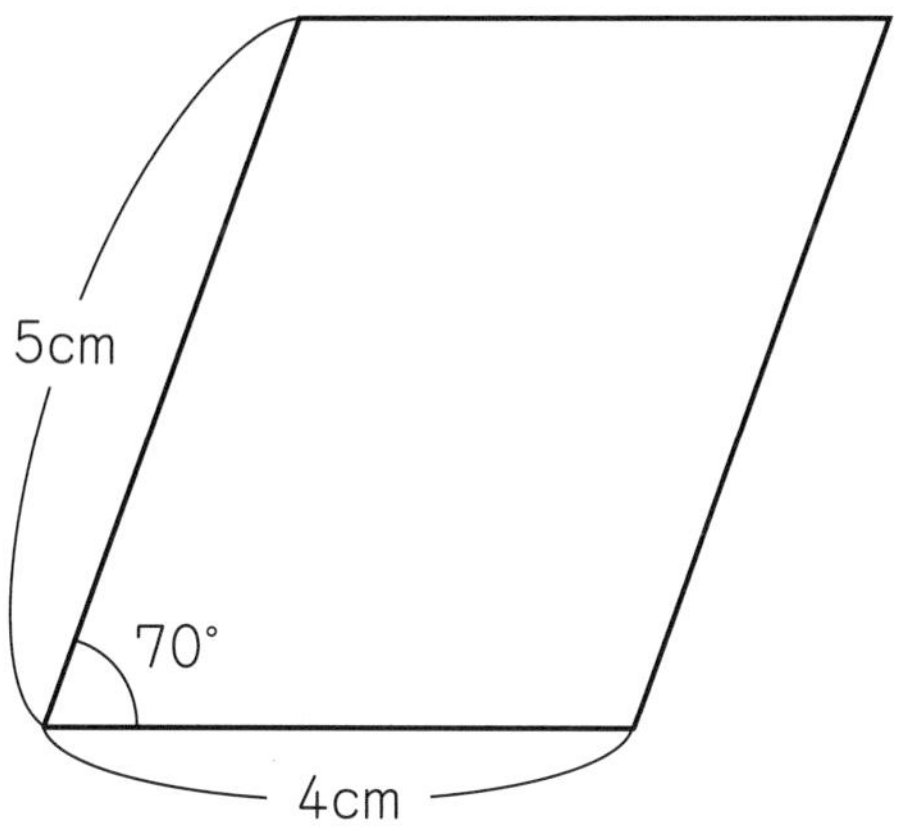
5cm
70°
4cm

（平行四辺形《へいこうしへんけい》）

（2）

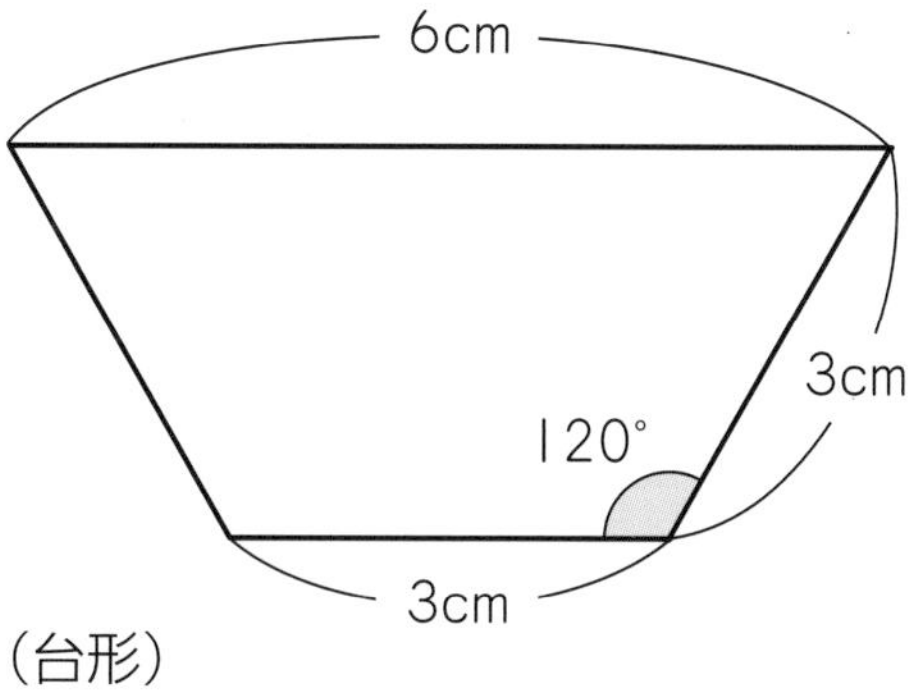
6cm
3cm
120°
3cm

（台形）

❸ 2まいの三角じょうぎを使って，点**ア**を通り，直線(あ)に平行な直線をかきなさい。(20点)

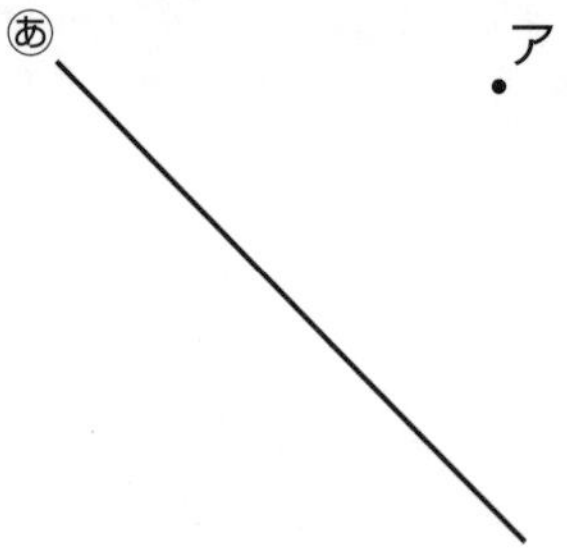

❹ 下の図で直線(あ)と直線(い)は平行です。次の問いに答えなさい。

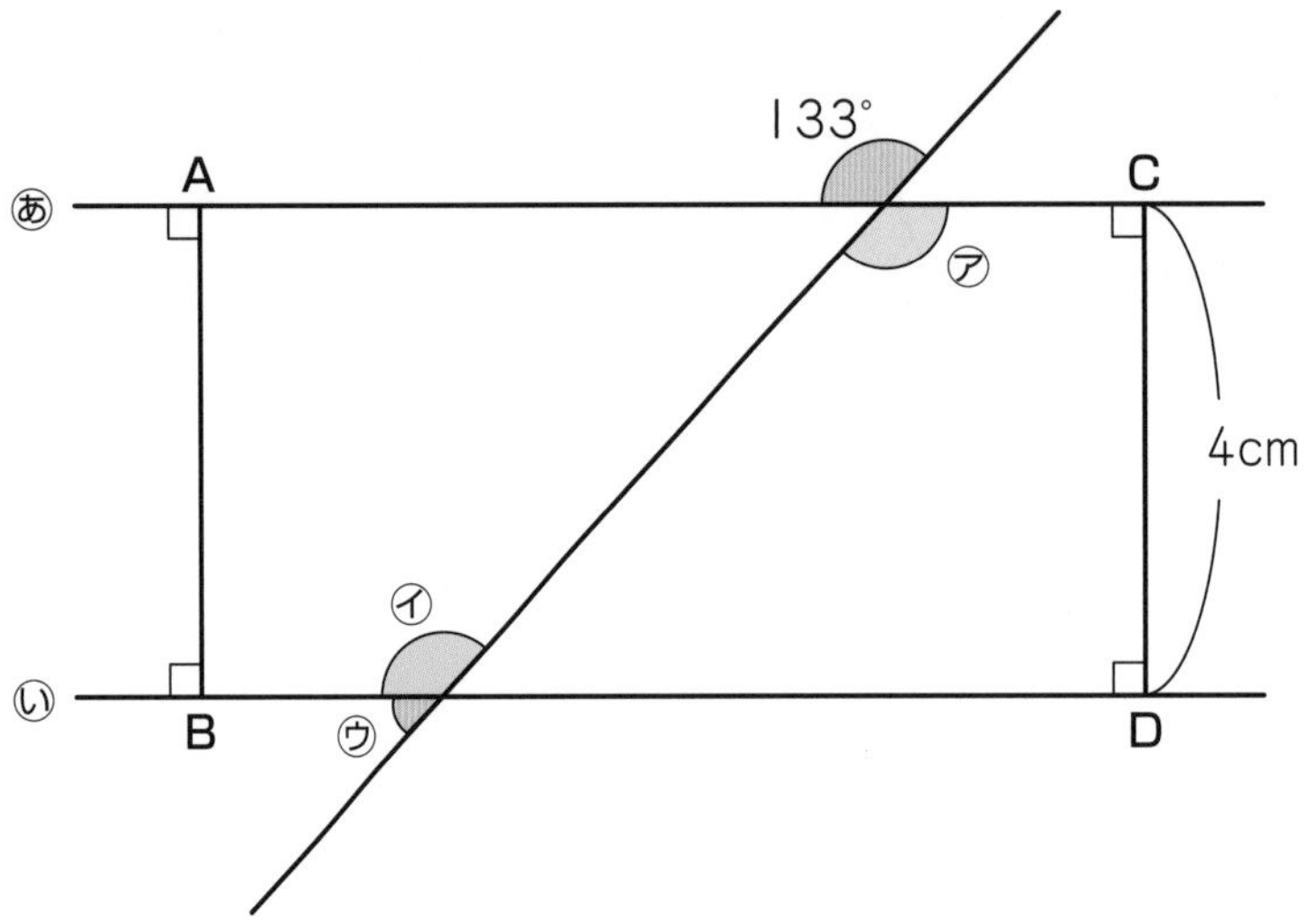

(1) ㋐，㋑，㋒の角度をそれぞれ分《ぶん》度《ど》器《き》を使わないで求《もと》めなさい。(各5点)

㋐ (　　　　　) ㋑ (　　　　　) ㋒ (　　　　　)

(2) **AB**の長さを求めなさい。(5点)

(　　　　　)

答えは『答えと考え方』

算数

第10回 垂直《すいちょく》と平行

学習日　月　日

得点《とくてん》

／100点

1 下の図を見て，次の問いに答えなさい。

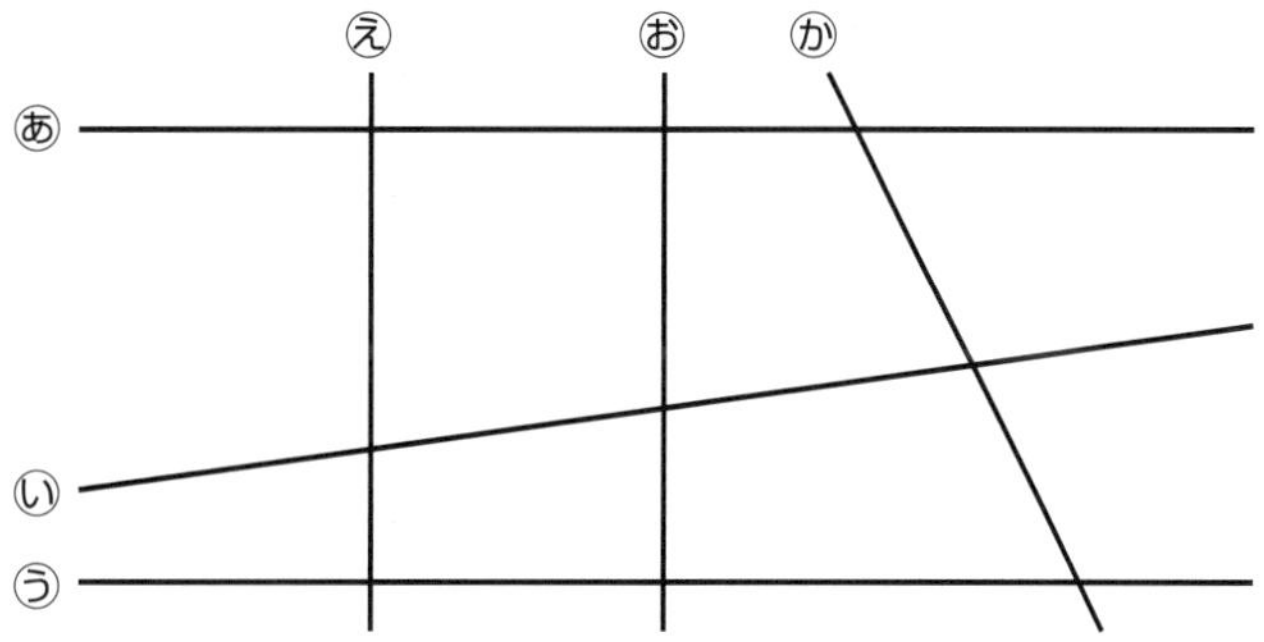

(1) 直線ⓐに垂直な直線をすべて選《えら》び，ⓐ～ⓚの記号で書きなさい。(10点)

(　　　　　　　　)

(2) 直線ⓞに垂直な直線をすべて選び，ⓐ～ⓚの記号で書きなさい。(10点)

(　　　　　　　　)

(3) 平行な直線の組を2つ，ⓐ～ⓚの記号で書きなさい。(各《かく》10点)

(　　と　　)，(　　と　　)

2 2まいの三角じょうぎを使って，点**ア**を通り，直線ⓐに垂直な直線をかきなさい。(20点)

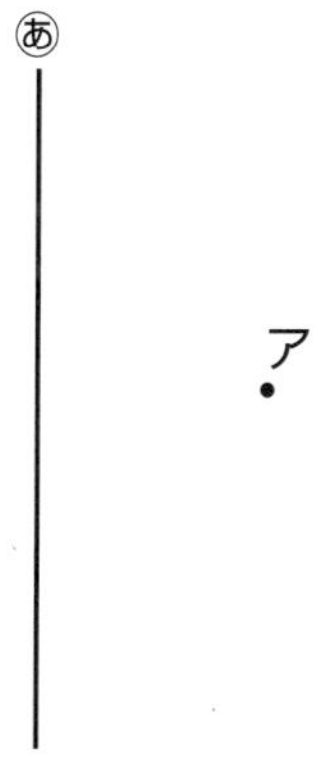

❷ 下の表は，まさしさんが８月に，すなはまの地面の温度を調べたものです。これを折れ線グラフに表しなさい。(20点)

すなはまの地面の温度

時刻《じこく》（時）	温度（度）
午前　6	30
8	30
10	38
12	44
午後　2	50
4	54
6	48

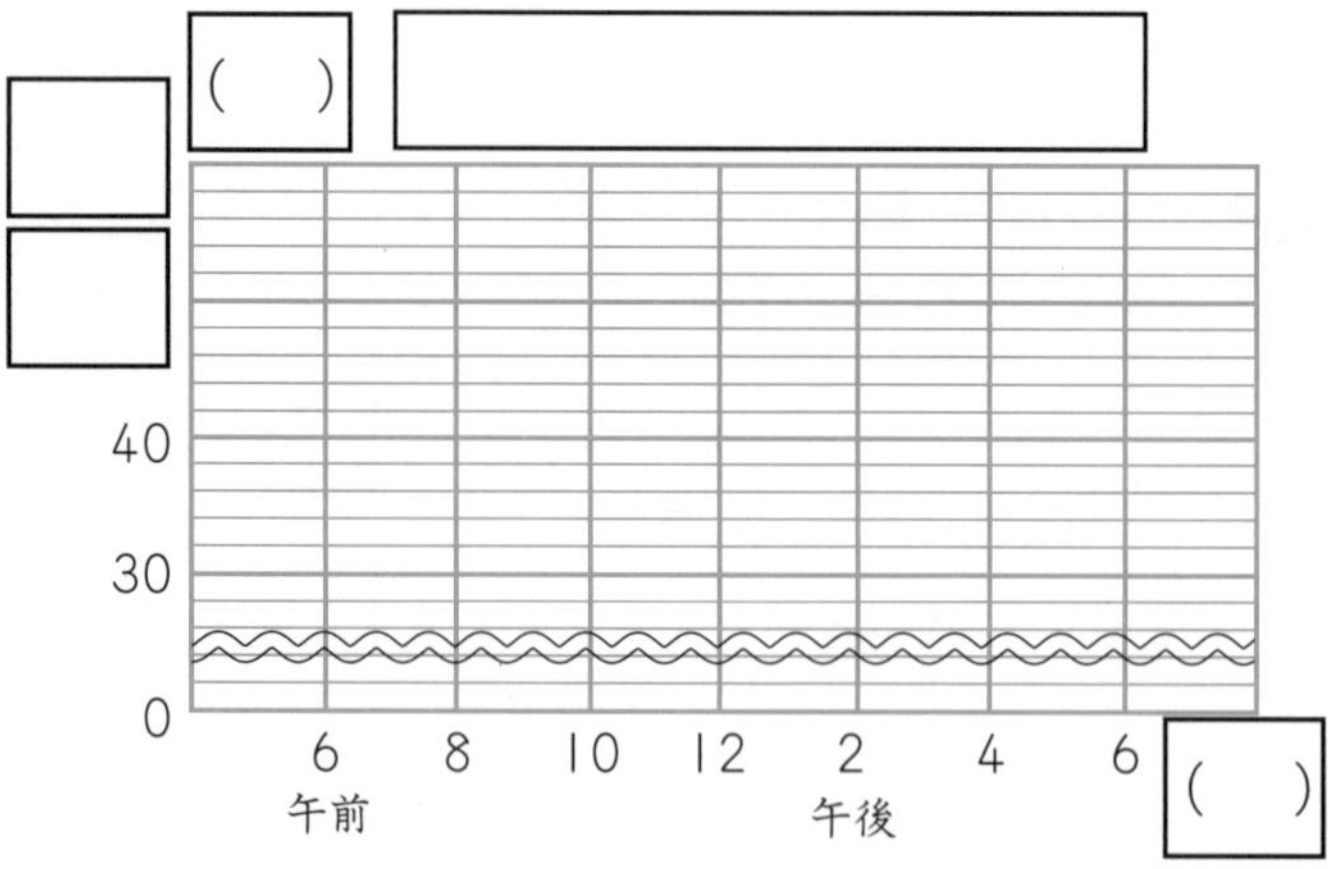

❸ 下の表は，大阪《おおさか》市の気温と降水量《こうすいりょう》を表したものです。次の（1），(2）にしたがって，グラフを完成《かんせい》させなさい。(各15点)

大阪市の気温と降水量

月（月）	1	2	3	4	5	6	7	8	9	10	11	12
気温（度）	6	6	9	15	19	23	27	28	24	18	13	8
降水量(mm)	50	60	100	130	140	200	160	100	170	110	70	30

(1) 右の図では，左側《ひだりがわ》のたてのじくの目もりが気温を表しています。気温の折れ線グラフを右の図にかきなさい。

(2) 右の図では，右側のたてのじくの目もりが降水量を表しています。降水量のぼうグラフを右の図にかきなさい。

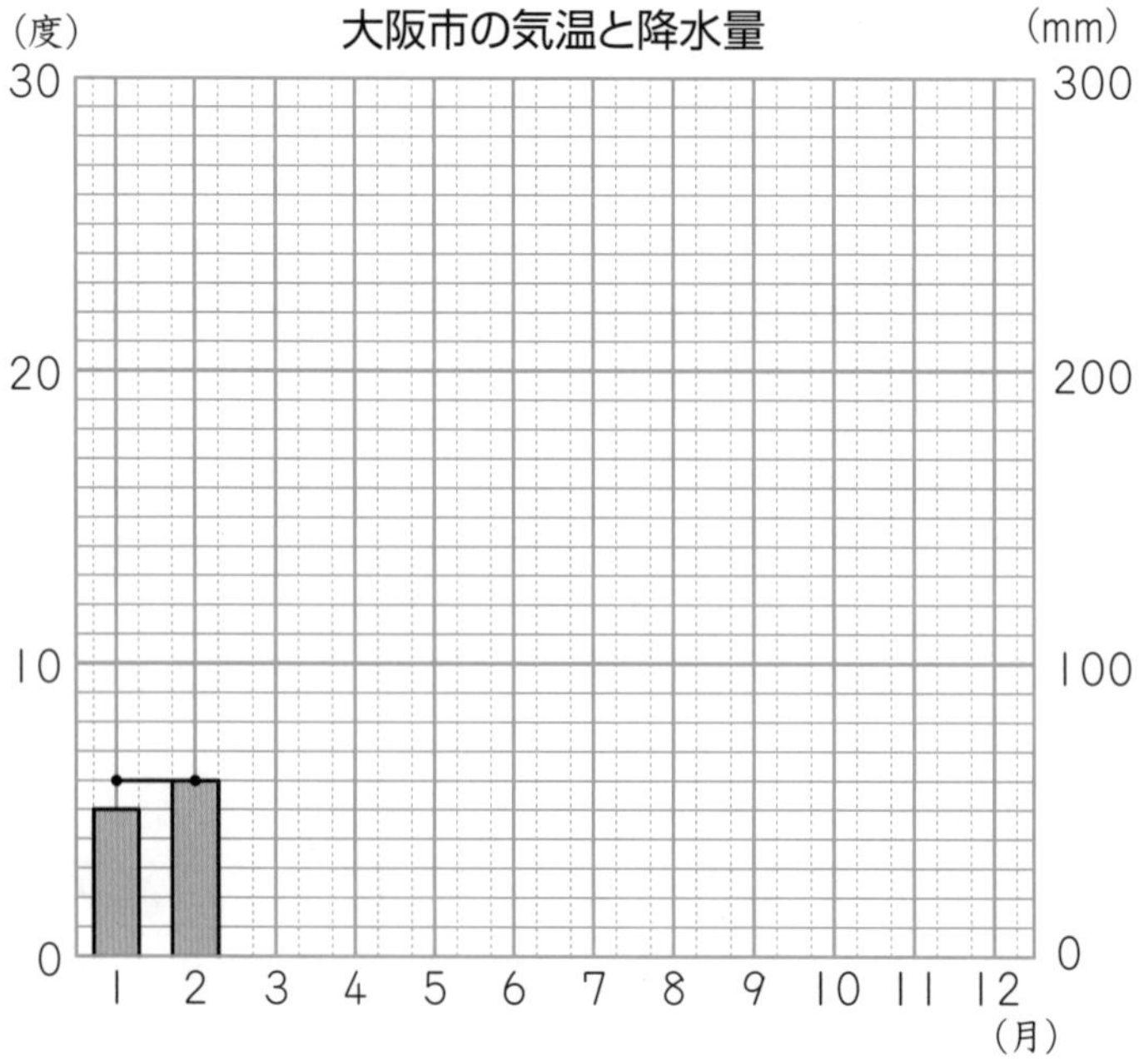

答えは『答えと考え方』

第9回 折《お》れ線《せん》グラフ

学習日　月　日

得点《とくてん》　／100点

1 下のグラフは，7月のある日の気温のうつり変《か》わりを表したものです。1つは北海道のある都市の気温で，もう1つは沖縄《おきなわ》県のある都市の気温です。これについて，次の問いに答えなさい。

(1) この日の最高《さいこう》気温は，それぞれ何度ですか。(各《かく》10点)

北海道

(　　　　　)

沖縄県

(　　　　　)

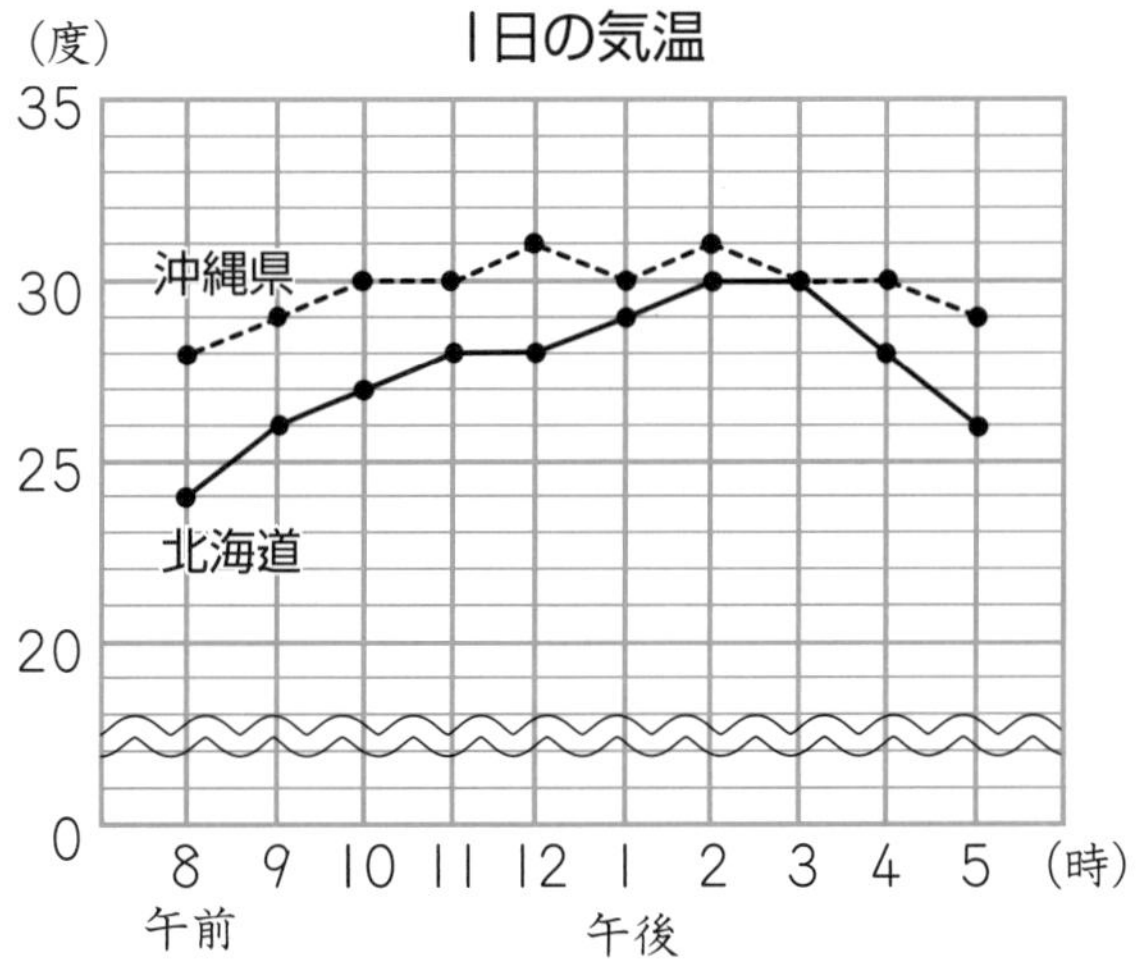

(2) 北海道のある都市で，1時間の気温の上がり方がいちばん大きいのは何時から何時までの間ですか。(10点)

(　　　　　) 時から (　　　　　) 時までの間

(3) 北海道のある都市と沖縄県のある都市の気温のちがいが，いちばん大きいのは何時ですか。また，そのときの気温のちがいは何度ですか。(各5点)

(　　　　　) 時，(　　　　　) 度

(4) 北海道のある都市と沖縄県のある都市の気温が同じであるのは何時ですか。(10点)

(　　　　　)

❸ 筆算でしなさい。(各５点)

(1) 5.27 + 2.134　　(2) 4.3 − 3.219

(3) 13.175 + 7.825　　(4) 15 − 12.96

❹ 重さが6.45kgのすいかを0.9kgのたらいに入れました。このとき，全体の重さは何kgですか。(式・答え10点)

[式]

答え (　　　　　　　　)

❺ ポットに水が0.8L入っています。このうち，350mLの水を使うと，残《のこ》りの水は何Lですか。(式・答え10点)

[式]

答え (　　　　　　　　)

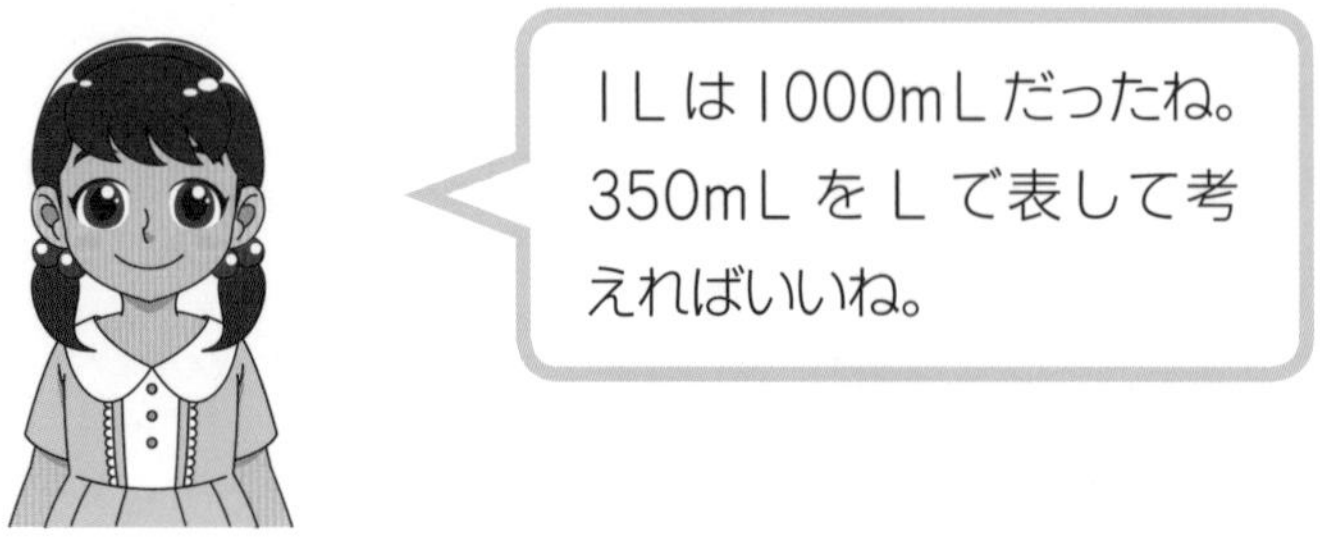
1Lは1000mLだったね。
350mLをLで表して考えればいいね。

答えは『答えと考え方』

学習日　月　日

得点《とくてん》

／100点

第8回　小数

❶ 0.87, 0.825, 0.807 をそれぞれ下の数直線に（例《れい》）にならって書き入れてから，小さい順《じゅん》に書きなさい。（10 点）

（　　　→　　　→　　　）

❷ 次の小数について，答えなさい。（各《かく》 10 点）

5.457

㋐　㋑

(1) $\frac{1}{10}$ の位《くらい》の数字を書きなさい。

（　　　）

(2) 7 は何の位の数字ですか。

（　　　）

(3) ㋐の位の 5 は，㋑の位の 5 の何倍を表していますか。

（　　　）

❸ 次の㋐～㋒の角の大きさは，それぞれ何度ですか。分度器を使わないで求めなさい。（各 10 点）

（1）

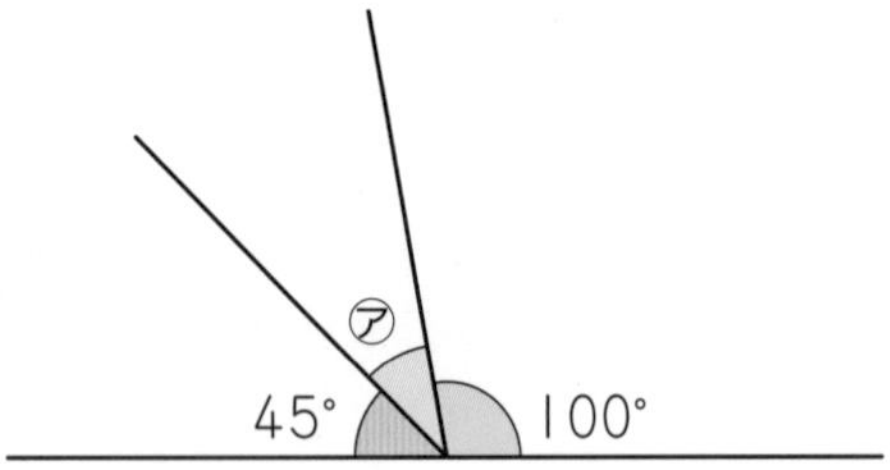

（2）

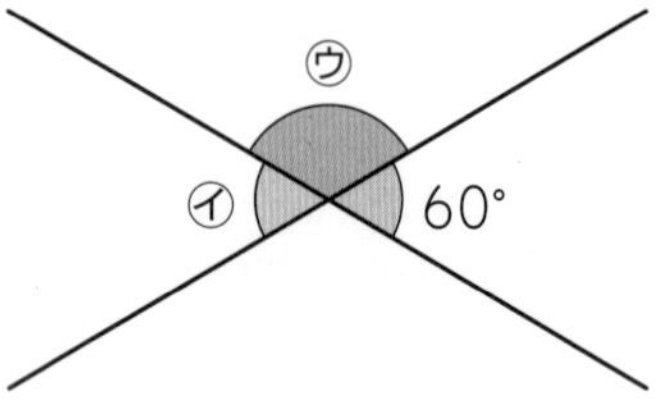

㋐（　　　　　　）

㋑（　　　　　　）

㋒（　　　　　　）

❹ 右の図は，同じ大きさの正三角形をならべたものです。これについて，次の問いに答えなさい。（各 10 点）

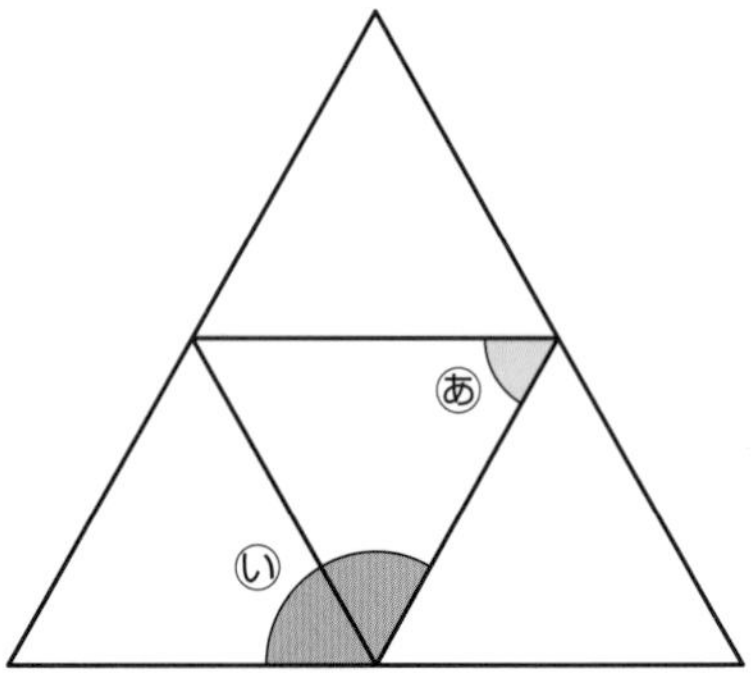

（1）あの角の大きさは何度ですか。

（　　　　　　）

（2）いの角の大きさは何度ですか。

（　　　　　　）

正三角形の 3 つの角の大きさはすべて 60° だよ。

答えは『答えと考え方』

算数

第7回

角（2）

学習日　　月　　日

得点《とくてん》

／100点

❶ 次の（1），（2）の図は，1 組の三角じょうぎを組み合わせたものです。㋐～㋒の角の大きさを分度器《ぶんどき》を使わないで求《もと》めなさい。（各 10 点）

（1）

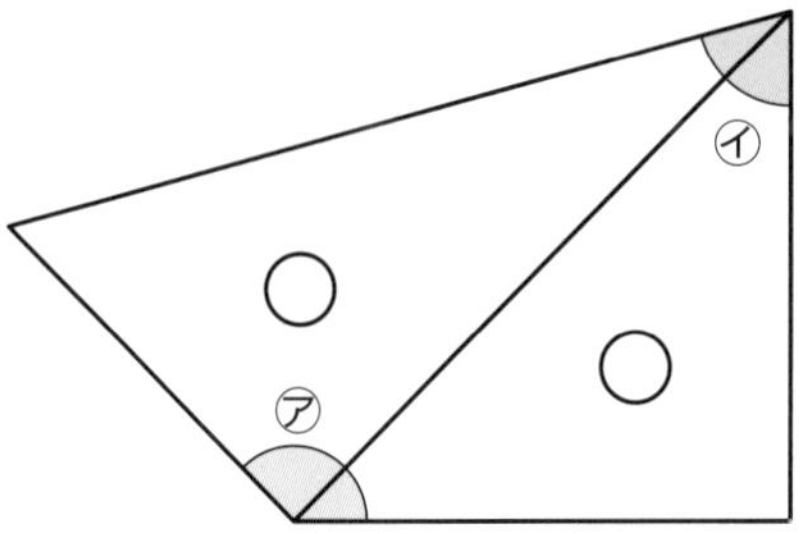

（2）

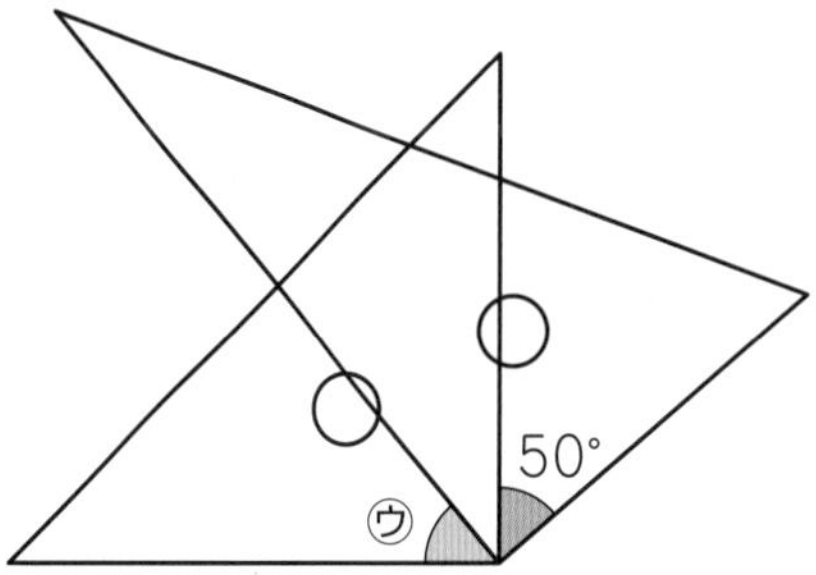

㋐（　　　　　　　　）　　㋒（　　　　　　　　）

㋑（　　　　　　　　）

❷ 1 組の三角じょうぎを使って，次の大きさの角をつくります。どの角とどの角を合わせればよいですか。右の図のあ～おの記号で答えなさい。

（各 10 点）

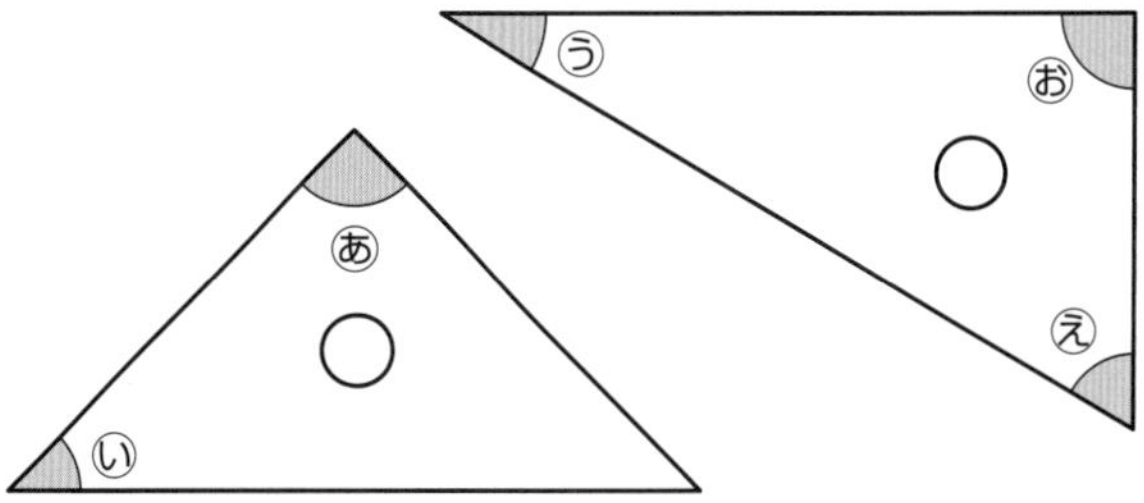

（1）105°

□の角と□の角

（2）180°

□の角と□の角

❹ 分度器とじょうぎを使って，次の三角形をかきなさい。(各 15 点)

(1)

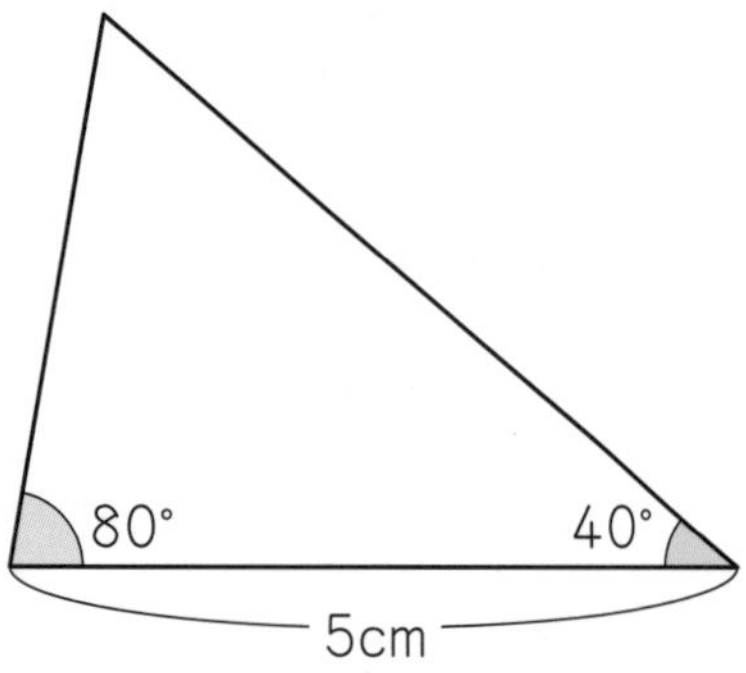
80°
40°
5cm

(2)

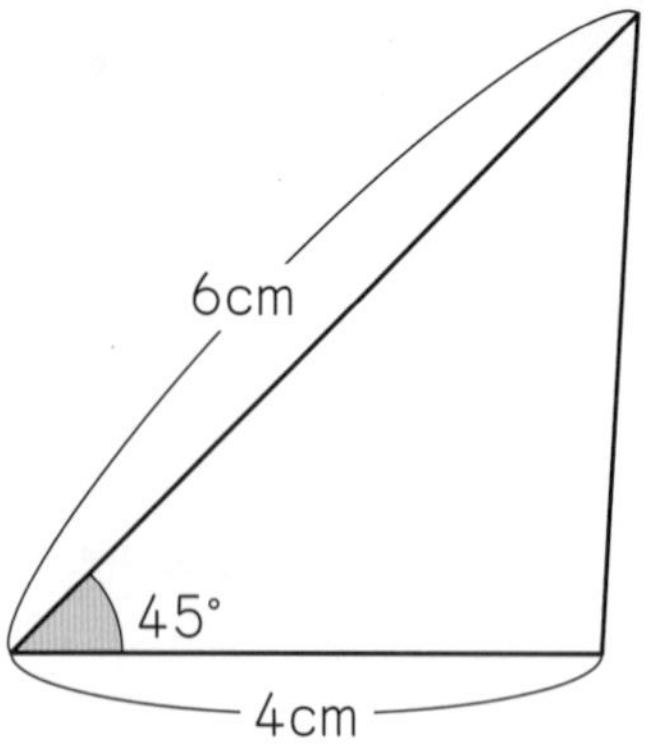
6cm
45°
4cm

❺ 下の時計で，長いはりが 35 分間でまわる角度は何度ですか。分度器を使わないで求《もと》めなさい。(15 点)

(　　　　　　)

長いはりが 15 分間でまわる角度は 90° だね。

答えは『答えと考え方』

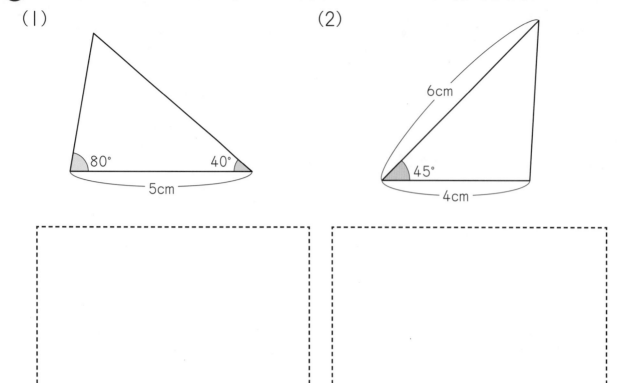

学習日　月　日

得点《とくてん》

／100点

第6回 角(1)

❶ 次の□にあてはまる数を書き入れなさい。(各《かく》5点)

(1) 1直角＝□度　　(2) 半回転の角度…□度

(3) 1回転の角度…□直角

❷ 次の角の大きさは何度ですか。分度器《ぶんどき》を使ってはかりなさい。(各10点)

(1)

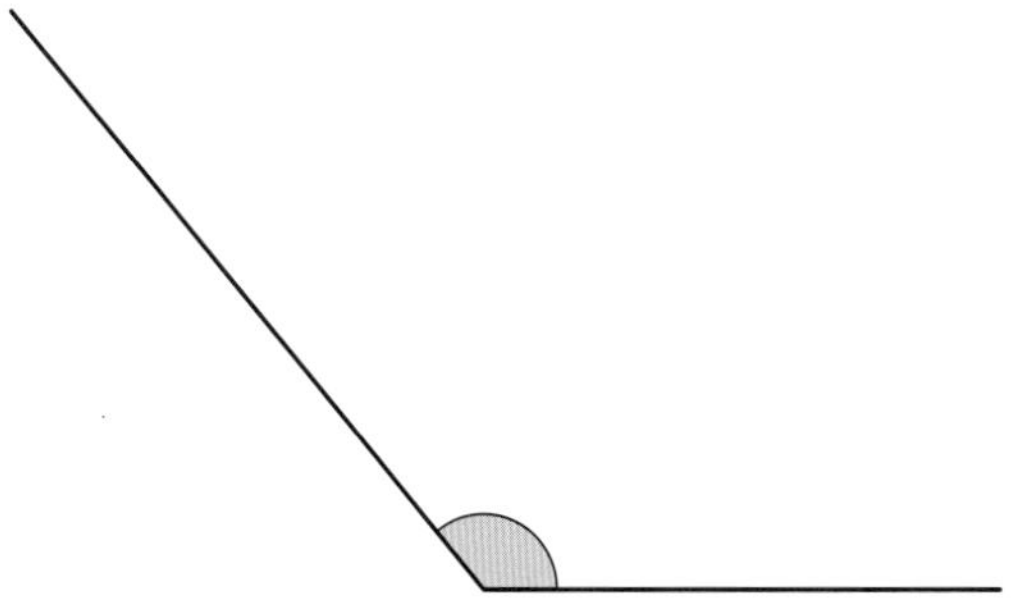

(　　　　　)

(2)

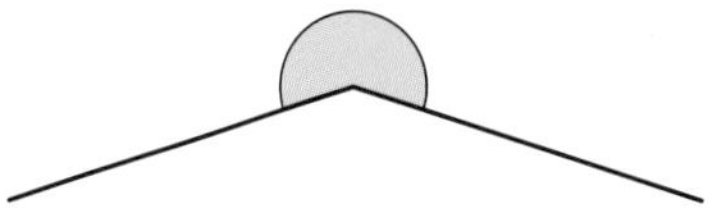

(　　　　　)

❸ 分度器を使って，次の大きさの角をかきなさい。(各10点)

(1) 50°　　(2) 300°

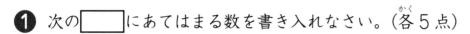

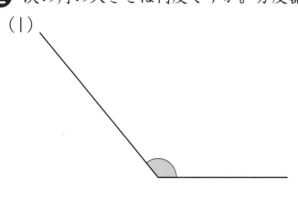

❷ 次の計算をしなさい。（各５点）

（1）27 × 10 ÷ 3

（2）36 × 5 ÷ 9

（3）140 ÷ 4 × 7

（4）132 ÷ 6 × 8

❸ ４人で 960 円の大きなかき氷を食べます。全員が同じ金額《きんがく》をしはらうとき，１人がしはらう金額は何円ですか。（式・答え各 10 点）

［式］

答え（　　　　　　）

算数

❹ １ふくろにおかしが 32 こ入ったふくろが，３ふくろあります。おかしを５人で同じ数ずつ分けると，１人分は何こになって，何こあまりますか。

（式・答え各 15 点）

［式］

答え　１人分は（　　　）こになって，（　　　）こあまる。

答えは『答えと考え方』

第5回

1けたでわるわり算（2）

学習日　月　日

得点《とくてん》　／100点

❶ 次のわり算をしなさい。あまりがある場合はあまりも求《もと》めなさい。（各《かく》5点）

（1）

6)7 5 6

（2）

4)8 3 2

（3）

5)9 0 7

（4）

8)3 6 8

（5）

7)2 8 9

（6）

9)4 5 6

❸ あめを４つ買うと，代金は92円でした。あめ１つのねだんは何円ですか。

（式・答え各10点）

［式］

答え（　　　　　　　　）

❹ あきらさんの家で７月中にさいたあさがおの数は，むらさきの花が45こで，ピンクの花が３こでした。むらさきの花は，ピンクの花の何倍さきましたか。（式・答え各10点）

［式］

答え（　　　　　　　　）

❺ 児童《じどう》63人が，１きゃくの長いすに５人ずつすわっていきます。児童全員がすわるには，長いすは全部で何きゃく必要《ひつよう》ですか。（式・答え各10点）

［式］

答え（　　　　　　　　）

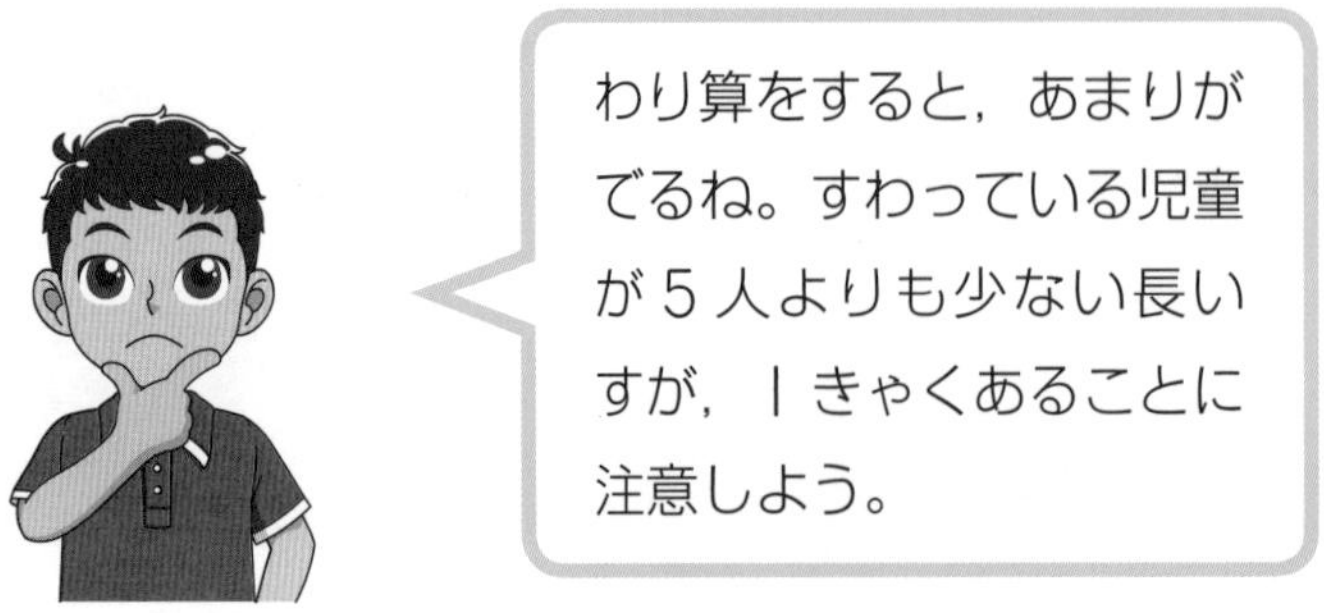
わり算をすると，あまりがでるね。すわっている児童が５人よりも少ない長いすが，１きゃくあることに注意しよう。

答えは『答えと考え方』

第4回

1けたでわるわり算(1)

学習日　月　日

得点《とくてん》　／100点

❶ 次のわり算をしなさい。あまりがある場合はあまりも求《もと》めなさい。(各《かく》5点)

(1)

$2\overline{)84}$

(2)

$5\overline{)75}$

(3)

$4\overline{)69}$

(4)

$8\overline{)99}$

❷ 次のわり算をしなさい。あまりがある場合はあまりも求めなさい。また，答えのたしかめをしなさい。(各10点)

(1)

$7\overline{)81}$

答えのたしかめ

(　　　　　　　　　　)

(2)

$3\overline{)76}$

答えのたしかめ

(　　　　　　　　　　)

❹ 次の計算をしなさい。(各10点)

(1) 506 × 803　　　 (2) 2300 × 150

(2)のヒント!　180 × 40 はこのように
計算できるよ。
```
    1 8|0    ◀------ 18 × 10
  ×   4|0    ◀------  4 × 10
    7 2|0 0  ◀------ 18 × 4 × 10 × 10
```

❺ 次の数について,次の問いに答えなさい。(各10点)

6 3 4 9 3 1 0 0 0 0 0 0 0 0

㋐　　㋑

(1) この数の読み方を漢字で書きなさい。

(　　　　　　　　)

(2) ㋐の位の3は,㋑の位の3の何倍を表していますか。

(　　　　　　　　)

 (3) この数の数字をならべかえてできる14けたの整数で,いちばん小さい数を
書きなさい。

答えは『答えと考え方』

学習日　月　日

得点《とくてん》　／100点

第3回　大きな数

❶ 次の数を数字で書きなさい。（各《かく》10点）

（1）五十二兆《ちょう》七百四十一億《おく》八十三万六千

（　　　　　　　　　　）

（2）一兆を5こと，一億を30こと，一万を4900こ合わせた数

（　　　　　　　　　　）

（3）千万を78こ集めた数

（　　　　　　　　　　）

❷ 次の数を求《もと》めなさい。（各5点）

（1）84億を10倍した数

（　　　　　　）

（2）35兆を$\frac{1}{10}$にした数

（　　　　　　）

❸ 次の計算をしなさい。（各5点）

（1）4兆67億＋1兆49億

＝□兆□億

（2）9兆250億－5兆73億

＝□兆□億

4 次の□にあてはまる数を書き入れなさい。(各２点)

(1) 3120m ＝□km□m　　(2) 4kg500g ＝□g

(3) 6dL ＝□L　　(4) 5.3cm ＝□mm

5 次のあ，いの目もりが表す数を，それぞれ分数と小数で答えなさい。

(( )１つ３点)

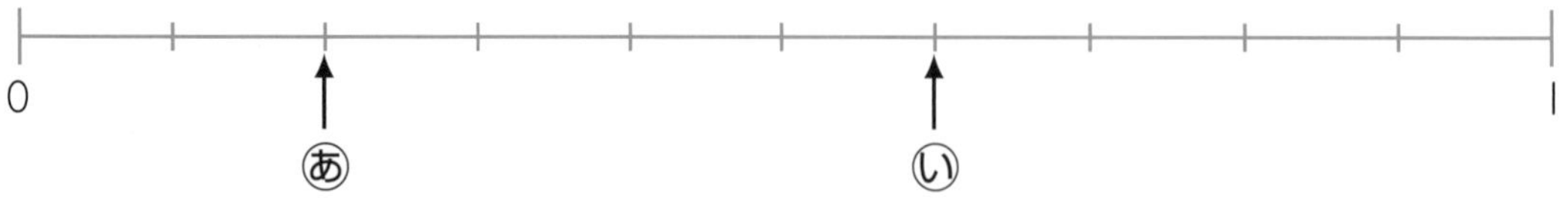

あ　分数 (　　　　), 小数 (　　　　)

い　分数 (　　　　), 小数 (　　　　)

6 右の表は，さやかさんの学校の４年生が，夏休みに行きたいと思っている場所を１人１つずつ書いて，その結果《けっか》をまとめたものです。次の問いに答えなさい。

場所＼組	１組	２組	３組	合計
プール	15	10	あ	34
遊園地	8	い	5	う
動物園	え	5	8	15
公園	4	3	4	11
その他	3	2	5	10
合計	お	31	31	か

(1) 表のあ～かにあてはまる数を書き入れなさい。(各２点)

(2) 行きたいと思っている人が，いちばん多い場所はどこですか。(13点)

(　　　　　　)

(3) ４年生は全部で何人ですか。(13点)

(　　　　　　)

算数

答えは『答えと考え方』

第2回

3年生の復習《ふくしゅう》(2)

学習日　月　日

得点《とくてん》

／100点

❶ 次のわり算をしなさい。あまりがある場合はあまりも求《もと》めなさい。(各《かく》3点)

(1) $56 \div 7$　　(2) $29 \div 3$

(3) $0 \div 9$　　(4) $3 \div 1$

(5) $60 \div 2$　　(6) $84 \div 4$

❷ 筆算でしなさい。(各3点)

(1) $3.9 + 6.4$　　(2) $2.3 + 5.7$

(3) $8.1 - 4.6$　　(4) $9.2 - 8.4$

❸ 次の計算をしなさい。(各3点)

(1) $\frac{3}{10} + \frac{6}{10}$　　(2) $\frac{3}{8} + \frac{5}{8}$

(3) $\frac{4}{5} - \frac{2}{5}$　　(4) $1 - \frac{2}{9}$

❷ 右の図を見て答えなさい。ただし，**ア**，**イ**，**ウ**，**エ**の点は同じ直線の上にあり，**イ**の点は小さい円の中心で，**ウ**の点は大きい円の中心です。

(各 10 点)

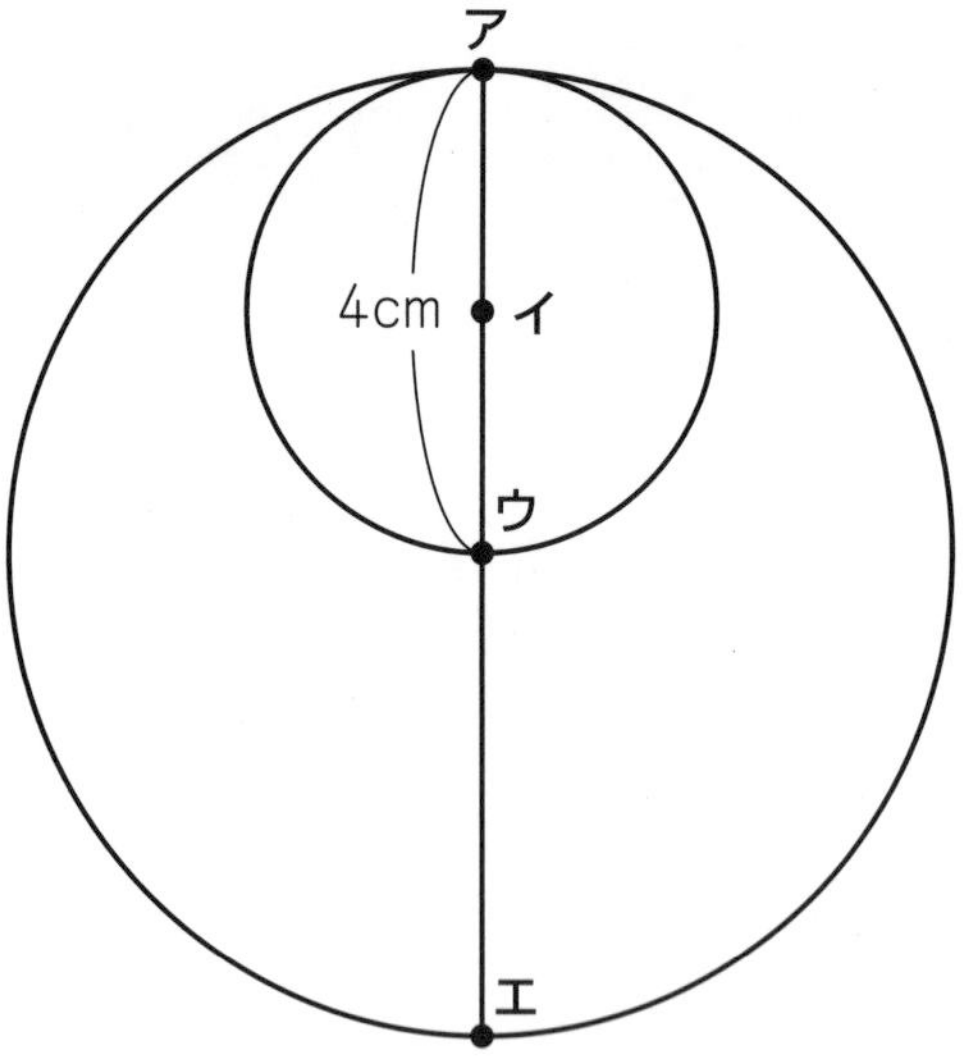

(1) **アイ**の直線の長さを求《もと》めなさい。

(　　　　　　　　)

(2) **アエ**の直線の長さを求めなさい。

(　　　　　　　　)

❸ 右の図のように，箱の中に，ビーチボールがぴったり 2 こ入っています。次の問いに答えなさい。(各 10 点)

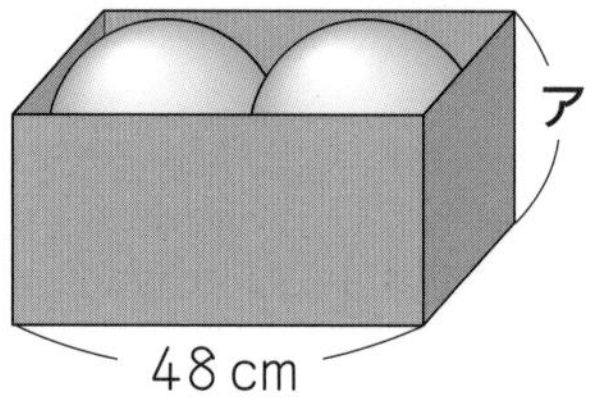

(1) このビーチボールの半径《はんけい》は何 cm ですか。

(　　　　　　　　)

(2) **ア**の長さは何 cm ですか。

(　　　　　　　　)

❹ 右の表は，あやのさんとはやとさんがアイスクリームを食べるのにかかった時間です。どちらのほうが何秒長くかかりましたか。(20 点)

あやの	4 分 20 秒
はやと	253 秒

(　　　　　　) さんのほうが (　　　　　　) 秒長くかかった。

答えは『答えと考え方』

第1回

3年生の復習《ふくしゅう》（1）

学習日　　月　　日

得点《とくてん》

／100点

❶ 筆算でしなさい。（各《かく》5点）

（1） 439 + 275

（2） 7386 + 9214

（3） 634 − 285

（4） 5008 − 1742

（5） 37 × 84

（6） 42 × 60

（7） 278 × 45

（8） 903 × 56

算数

理科

社会

★ 国語は4ページから始《はじ》まります。
★ 英語は79ページから始まります。

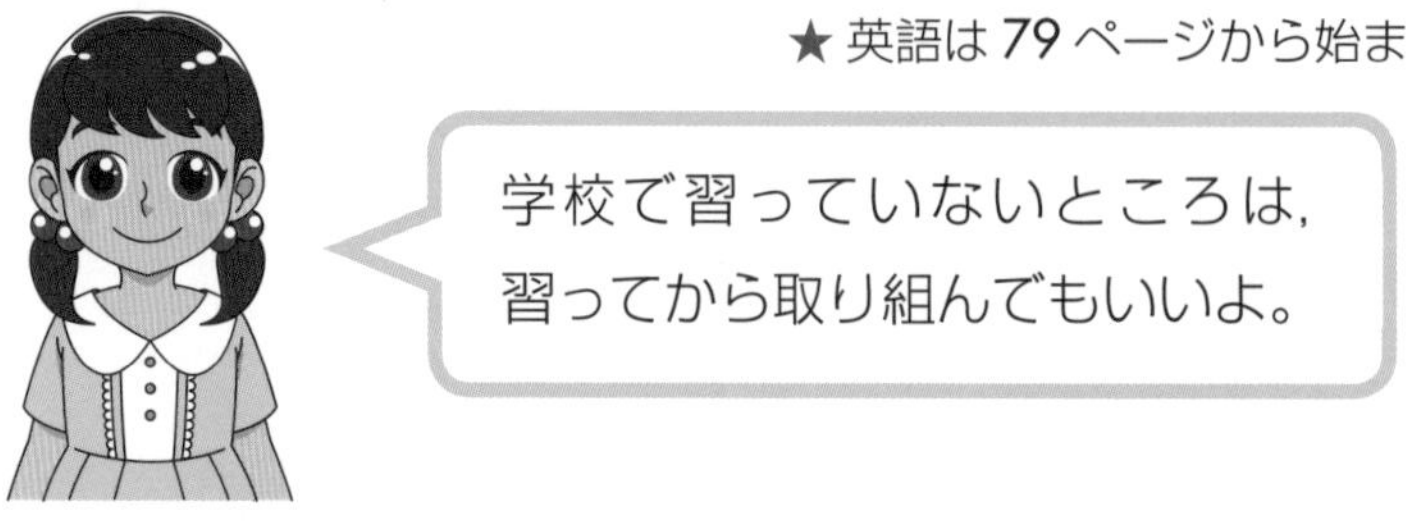

学校で習っていないところは，習ってから取り組んでもいいよ。

※本冊子《さっし》にある「教科書内容対照表《ないようたいしょうひょう》」を見て，お使いの教科書の学習範囲《はんい》に合わせて取り組みましょう。

左のマークはむずかしい内容《ないよう》についています。とくことができれば自信《じしん》をもってよい問題です。まちがえた場合は，『答えと考え方』を読んで理解《りかい》しておきましょう。

第4回 英語の文の書き方のきまり

英語の文を書くときに，どんなきまりがあるのか見てみよう。

音声DL 04 聞いてみよう

単語《たんご》の書き方

cat （ねこ）

単語は小文字で書きます。文字の間をつめすぎたり，あけすぎたりしないようにしましょう。

Mary （メアリー：女の子の名前）

人の名前や国名，地名などは，大文字で書き始めます。

英語の文を書くときの基本的《きほんてき》なきまり

単語と単語の間は小文字 I 文字分くらいあけます。

How are you? （元気？）

最初《さいしょ》の文字は，大文字で書き始めます。

質問《しつもん》する文の終わりには，？(クエスチョンマーク) をつけます。

2 つの単語をまとめて I つに書くときには，’(アポストロフィ) をつけます。

例《れい》) I am → I’m

I’m fine, thank you. （元気だよ。ありがとう。）

文の終わりには，．(ピリオド) をつけます。

「わたしは」を表す I は，文の最初だけでなく，文のどこにあっても大文字で書きます。

Yes, I am.

Yes ／ No のあとに I am ／ I’m not などが続《つづ》く場合は，，(カンマ) がつきます。

上の文は，Are you ～？（あなたは～ですか？）と聞かれたときに，「はい，そうです。」と答える文だよ。

ちょうせんしてみよう！ 答え

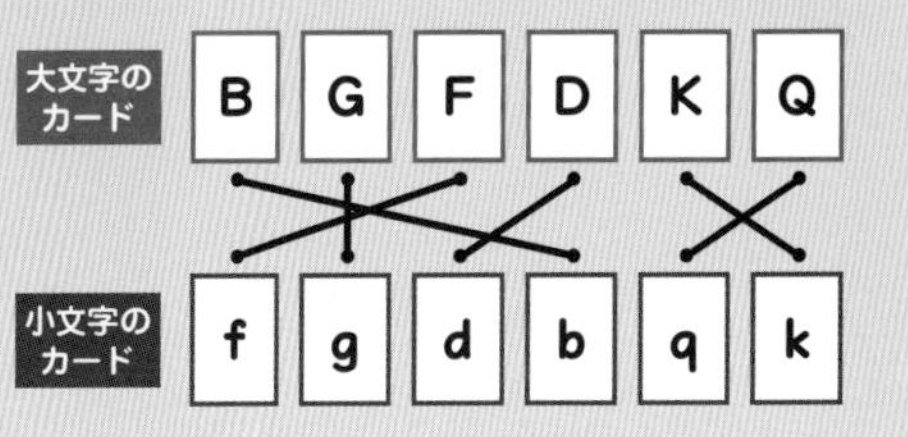

大文字のカード
B G F D K Q
小文字のカード
f g d b q k

＊自由に表現してみよう

I want やI likeをつかってこんなことも言えるよ！

音声DL 03 聞いてみよう

I want

I want＝「わたし／ぼくは～がほしい」

beer.

意味 ビールがほしい。

juice.

意味 ジュースがほしい。

milk.

意味 牛《ぎゅう》乳《にゅう》がほしい。

I like

I like＝「わたし／ぼくは～が好き」

salad.

意味 サラダが好きなの。

steak.

意味 ステーキが好きなの。

ice cream.

意味 アイスクリームが好きなの。

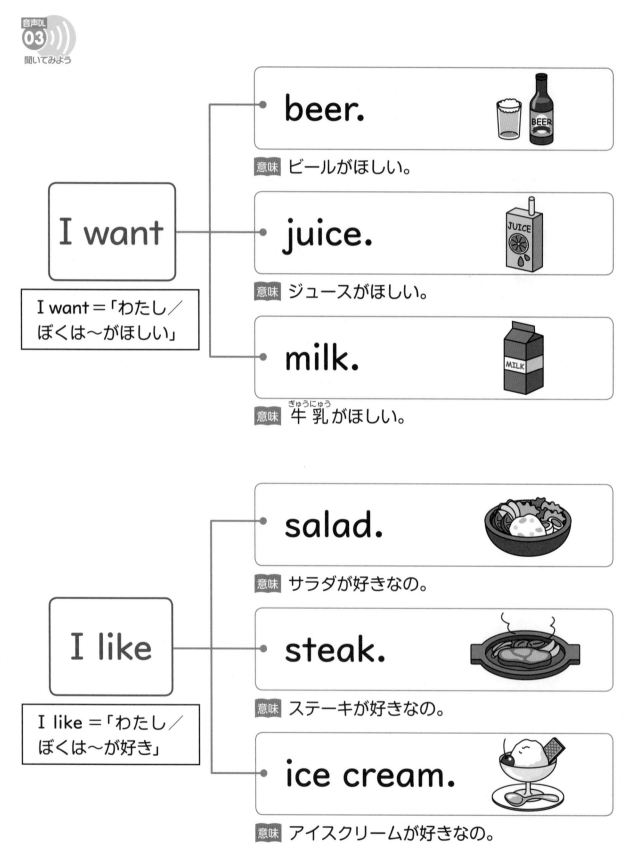

第3回　「～がほしい」「～が好《す》き」という表現《ひょうげん》

待ちに待った夕《ゆう》ご飯《はん》の時間だよ！　今日は大好物《だいこうぶつ》のカレーライス！

あれっ？　兄のこうたくんがまだ来ていないよ。お父さんはおふろから出て，冷蔵《れいぞう》庫《こ》をのぞいているね。何をさがしているのかな。

はるかさんは今日のこんだてを見て，なんだかとてもうれしそうだね！

音声DL 02 聞いてみよう

Come and get it!
ごはんよ！
人をよぶときにつかうよ。「食事の用意ができたよ。」という意味だよ。
I want beer.
ぼくはビールがほしいな。
I like salad.
わたしはサラダが好きなの。

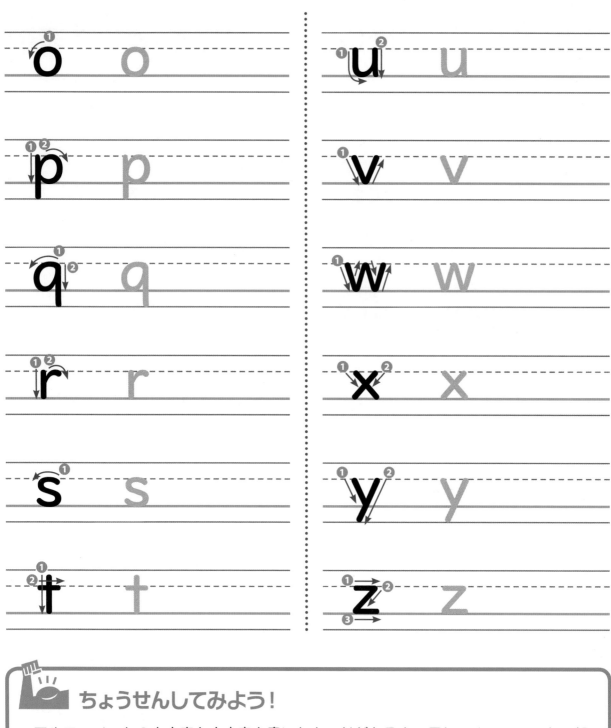

o o

p p

q q

r r

s s

t t

u u

v v

w w

x x

y y

z z

ちょうせんしてみよう！

アルファベットの大文字と小文字を書いたカードがあるよ。同じアルファベットの組み合わせを線で結《むす》んでみよう。

大文字のカード　B　G　F　D　K　Q

小文字のカード　f　g　d　b　q　k

大文字と小文字で，にた形のものもあるけれど，まったくちがう形の組み合わせもあるね。

答えは73ページ

第2回 アルファベットを書いてみよう ②

次は「小文字」だよ。うすい文字をなぞってから，となりに自分で書いてみよう。大文字とにている文字もあるね。形のちがいもかくにんしよう。

書いてみよう

小文字

a a

b b

c c

d d

e e

f f

g g

h h

i i

j j

k k

l l

m m

n n

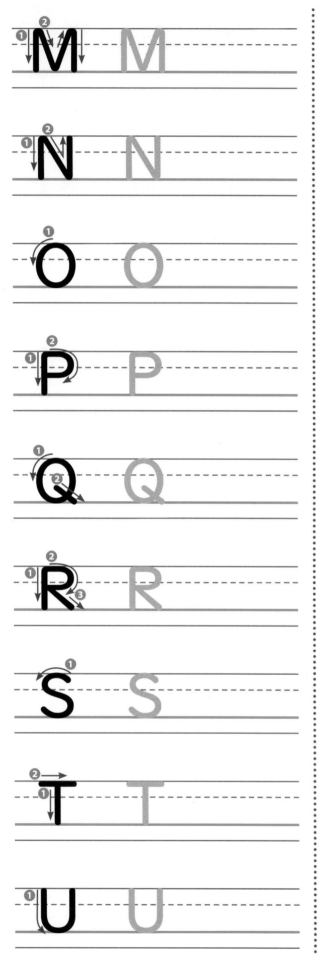

M M

N N

O O

P P

Q Q

R R

S S

T T

U U

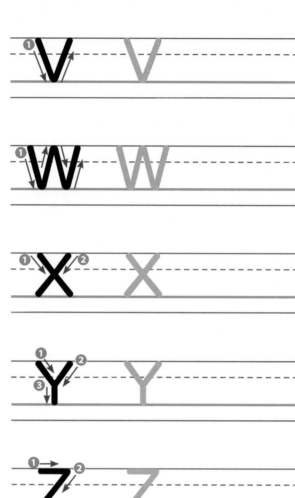

V V

W W

X X

Y Y

Z Z

アルファベットについて

アルファベットは全部で 26 文字あるよ。そして，1 つの文字には「大文字」と「小文字」があるんだ。

A	a
大文字	小文字

読み方はどちらも同じだよ。
次のページでは「小文字」を書いてみよう。

第1回 アルファベットを書いてみよう ①

英語の文字を「アルファベット」というよ。アルファベットには，大文字と小文字があるよ。

まずは，「大文字」を書いてみよう。うすい文字をなぞってから，となりに自分で書いてみようね。下の書き順《じゅん》は１つの例《れい》だよ。

音声DL 01 聞いてみよう

書いてみよう

大文字

A A

B B

C C

D D

E E

F F

G G

H H

I I

J J

K K

L L

英語

※英語はワーク形式のため『答えと考え方』はありません。

マークについて

…… 音声を聞いてみましょう。
音声の聞き方については下記をごらんください。

…… 文字をなぞったり，４線に書いてみたりしましょう。

…… おさえておきたいポイントです。

音声の再生方法について（おうちの方へ）

■ ダウンロード（パソコン）
https://www.zkai.co.jp/books/wkwksummer-4onsei/
お手持ちのパソコンからアクセスしてください。

■ ストリーミング（タブレット・スマートフォン）
右記のコードからアクセスしてください。

は音声ファイルのファイル番号に対応しています。マークの数字が「01」の場合は音声ファイル 01 をお聞きください。

算数　教科書内容対照表

・夏までに学習した算数の内容はお子さまが使用している教科書によって異なります。
・本書の中には夏までに学習していないところも含まれているため，下の教科書内容対照表を参考にして，お子さまが学習できるところを確認してください。
・まだ習っていないところは，学校で習ってから復習としてお使いください。

	教科書のページ					
	東京書籍	啓林館	学校図書	日本文教出版	教育出版	大日本図書
第１回 ３年生の復習（1）	３年生の教科書より	３年生の教科書より	３年生の教科書より	３年生の教科書より	３年生の教科書より	３年生の教科書より
第２回 ３年生の復習（2）						
第３回 大きな数	上８～19ページ	上10～22ページ	上12～24ページ	上11～24ページ	上11～24ページ	67～79ページ
第４回 １けたでわるわり算（1）	上36～53ページ	上36～47ページ	上38～45ページ 上62～78ページ	上25～43ページ	上26～41ページ	36～51ページ
第５回 １けたでわるわり算（2）						
第６回 角（1）	上54～71ページ	上49～62ページ	上46～61ページ	上65～76ページ	上59～72ページ	55～66ページ
第７回 角（2）						
第８回 小数	上72～89ページ	上84～95ページ	下33～50ページ	上89～105ページ	下48～63ページ	173～189ページ
第９回 折れ線グラフ	上20～28ページ	上23～35ページ	上25～37ページ	上45～56ページ	上42～57ページ	16～35ページ
第10回 垂直と平行	下14～24ページ	上63～71ページ	上112～123ページ	下5～14ページ	上110～119ページ	92～103ページ
第11回 四角形	下25～35ページ	上72～83ページ	上124～137ページ	下15～26ページ	上120～133ページ	104～117ページ
第12回 式と計算	下2～13ページ	上116～127ページ	下18～32ページ	下27～38ページ	上134～144ページ	82～91ページ
第13回 ２けたのわり算（1）	上94～111ページ	上102～115ページ	上88～104ページ	上109～125ページ	上74～91ページ	135～151ページ
第14回 ２けたのわり算（2）						
第15回 がい数	上118～125ページ	下18～23ページ	下2～8ページ	上77～88ページ	上92～98ページ	120～128ページ
第16回 がい算と見積もり	上126～130ページ	下24～29ページ	下9～17ページ	下88～92ページ	上99～107ページ	129～134ページ

答えと考え方

Z会 小学生 わくわくワーク
夏休み
復習編
4年生
冊子《さっし》をつかんで，
少し力を入れて引っぱってね。
別冊《べっさつ》として使えるよ。

答えと考え方

★ 自分の答えと『答えと考え方』をくらべて，どのようなまちがいをしたのかや，正しい考え方をかくにんしましょう。

★ 正解《せいかい》した問題も，考え方が合っているか，ほかの考え方があるかなどをたしかめるために，「考え方」を読みましょう。

★ 答え合わせが終わったら，国語・算数は「得点《とくてん》」を記入しましょう。

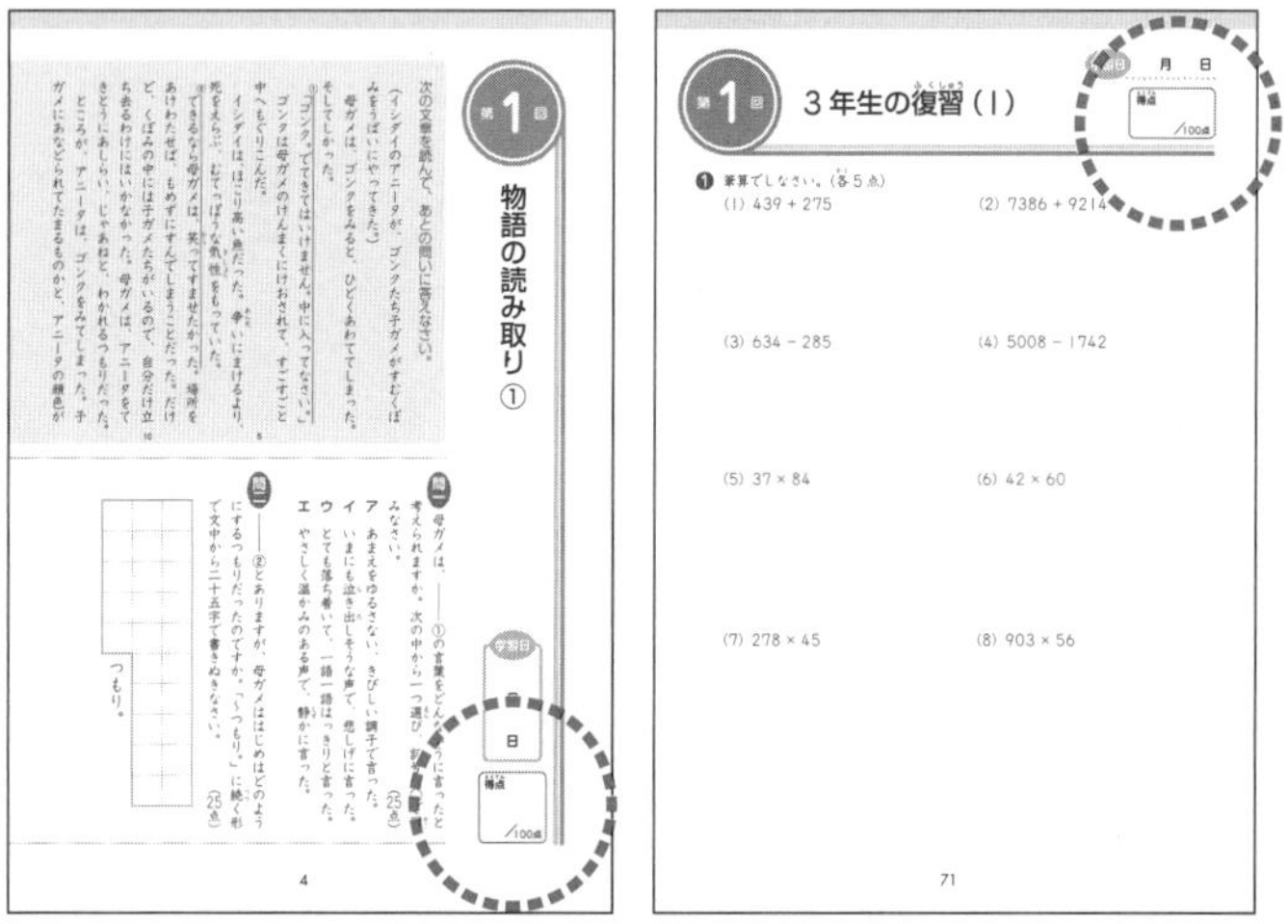

ここに得点を書くよ。

★ 1回分が終わったら，「わくわくシール」を１まいはりましょう。台紙は最後《さいこ》のページにあります。

全部終わると１まいの絵ができるよ。

目次

算数・理科・社会は後ろから始まるよ。

第1回

物語の読み取り①

考え方

問一 ——①の直後に、しかられたゴンクの行動が書かれています。

> ゴンクは母ガメのけんまくにけおされて、すごすごと中へもぐりこんだ。（4～5行目）

「けんまく」は、いきり立ち、おこっている様子を表します。ゴンクが何もできずに「すごすごと」くぼみにもどるほど、きびしいしかり方だったのですね。この様子にあうのは**ア**です。

問二 まず、母ガメがなぜ——②と思っていたのかをおさえておきましょう。「笑ってすませたかった」とは、気になるところがあっても、もめごとをさけるためになごやかにことを終わらせるという意味です。もめたくない相手とは、イシダイのアニータですね。イシダイはどんな魚なのでしょうか。——②の前に次のようにあります。

> イシダイは、ほこり高い魚だった。争いにまけるより、死をえらぶ、むてっぽうな気性《きしょう》をもっていた。（6～7行目）

このようなはげしさをもった魚ですから、ひとたび争いになれば、めんどうなことになってしまいます。争わずにすむなら、それにこしたことはないと思っていたのですね。——②のあとを読むと、母ガメの考えていたことが書かれています。

> 母ガメは、アニータをてきとうにあしらい、じゃあねと、わかれるつもりだった。（11～12行目）

この部分を書きぬきましょう。

問三 ——③は、争いたくなかった母ガメの気持ちが大きく変わったことを表しています。

(1)（Ａ）の直後に「おきて」とあるので、海の動物の「おきて」が書かれている17～20行目をていねいに読みましょう。

> ・海の中の争いには、かつかまけるか、どちらか一つしかない。
> ・魚でもカメでも、かったほうがいい場所をしめる。
> ↑ くわしい内容《ないよう》
> それが海の動物の ［おきて］

海の中で生きぬくには、かつことが大事なのですね。そのことがはっきりわかる「かったほうがいい場所をしめる」があてはまります。

（Ｂ）は、あとに「わけにいかない」とあるので、「かつ」の反対の「まける」があてはまります。21～24行目に、まけるとどうなるかが書かれていますね。子ガメたちのために、母ガメはどうしてもかたなければならなかったのです。

21～24行目からは、子ガメたちを思う母ガメの気持ちがよく伝《つた》わってくるね。

(2) 設問《せつもん》をよく読みましょう。「イシダイと向き合う母ガメ」とあるので、争う直前の場面をさがせばよいと見当をつけられます。

問題文の最後《さいご》の一文は、母ガメがイシダイを正面から見すえる様子をえがいたものです。「にらみつけた」という表現《ひょうげん》からは、これから始まる争いに必ずかつという強い気持ちが読み取れますね。

ココが大切！
心情《しんじょう》が表れた表情や行動を見のがさないように注意しよう。

答え

問一 ア

問二 アニータをてきとうにあしらい、じゃあねと、わかれる（つもり。）

問三 (1) Ａ＝かったほうがいい場所をしめる
Ｂ＝まける
(2) 二つの目で

第2回 漢字の学習①

考え方

問一 漢字の多くは、左右や上下など、いくつかの部分に分けることができ、その部分によって漢字を分類《ぶんるい》することができます。その分け方のもとになる部分を、「部首」といいます。部首は、位《い》置《ち》によって次のように分けることができます。

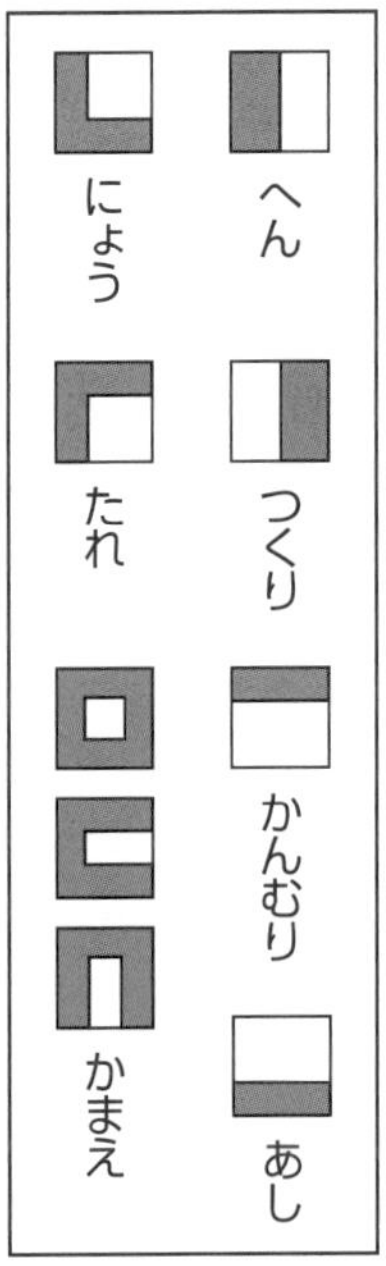

へん
つくり
かんむり
あし
にょう
たれ
かまえ

(1)「亻」は「にんべん」で「へん」の仲間《なかま》です。(2)「艹」は「くさかんむり」で「かんむり」、(3)「广」は「まだれ」で「たれ」、(4)「辶」は「しんにょう／しんにゅう」で「にょう」の仲間です。これらの部首がつく漢字を思い出し、それぞれに共通することを考えてみましょう。

(1)「亻」のつく漢字には「休」「体」など、(2)「艹」のつく漢字には「花」「葉」など、(3)「广」のつく漢字には「庫」「店」など、(4)「辶」のつく漢字には「通」「追」などがあります。

問二 (1)は、**イ**の「さんずい」をあてはめると、「泳」「洋」「波」ができます。**ア**の「ひへん」は「晴」「暗」、**ウ**の「きへん」は「板」「柱」などの部首です。

(2)は、**ウ**の「おおがい」をあてはめると、「顔」「頭」「類」ができます。**ア**の「のぶん／ぼくにょう」は「放」「教」、**イ**の「りっとう」は「前」「列」などの部首です。

(3)は、**ア**の「うかんむり」をあてはめると、「客」「実」「守」ができます。**イ**の「あなかんむり」は「究」「空」、**ウ**の「わかんむり」は「写」などの部首です。

(4)は、**イ**の「まだれ」をあてはめると、「庭」「庫」「度」ができます。**ア**の「がんだれ」は「原」、**ウ**の「しかばね」は「局」「屋」などの部首です。

問三 (1)の「疒（やまいだれ）」は、病気（やまい）にかかわる漢字につく部首です。(2)の「囗（くにがまえ）」は、周《まわ》りを取り囲むことを表す部首です。(3)の「禾（のぎへん）」は、イネなどの作物にかかわる漢字につく部首です。(4)の「阝（おおざと）」は、「むら」を表す部首で、人のいる場所にかかわる漢字につきます。

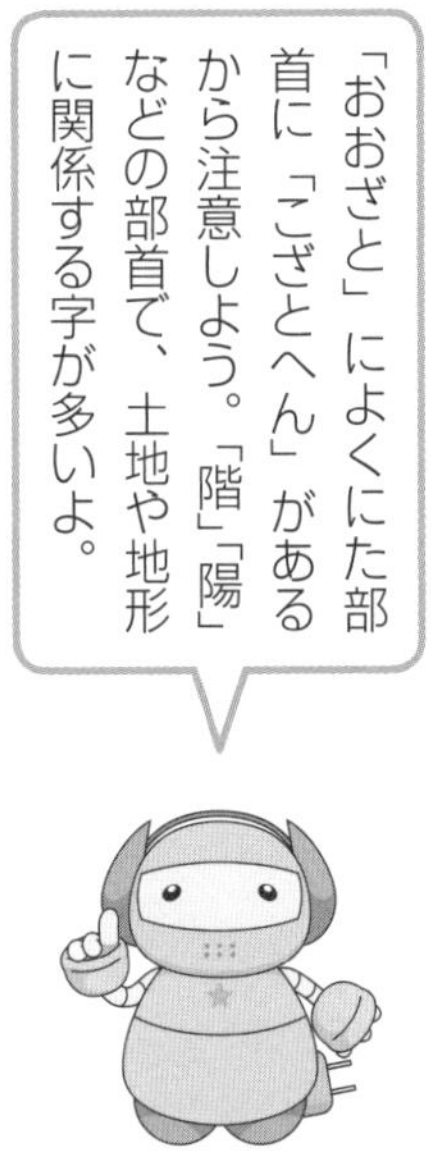

「おおざと」によくにた部首に「こざとへん」があるから注意しよう。「階」「陽」などの部首で、土地や地形に関係する字が多いよ。

問四 つくりはどれも「寺」ですが、部首になる「へん」はちがいます。それぞれの部首が表す意味に気をつけて、文にあう漢字を書きましょう。

(1)は、「所持品」という言葉ができます。「持」の部首である「扌（てへん）」は、「手のはたらき」を表します。(2)は、「期待」という言葉ができます。「待」の部首である「彳（ぎょうにんべん）」は、「行く」ことや「行う」ことを表します。(3)は、「詩集」という言葉ができます。「詩」の部首である「言（ごんべん）」は、「言葉」や「話す」ことを表します。

問五 部首の左右や上下の位置をまちがえないで、正しく組み合わせましょう。「⺮」と「相」とで「箱」ができますが、この組み合わせをすると、[1]の「心」と[2]の「由」があまってしまいます。

答え

問一 (1)にんべん・**ウ** (2)くさかんむり・**ア** (3)まだれ・**イ** (4)しんにょう／しんにゅう・**エ**

問二 (1)**イ** (2)**ウ** (3)**ア** (4)**イ**

問三 (1)疒・やまいだれ (2)囗・くにがまえ (3)禾・のぎへん (4)阝・おおざと

問四 (1)持 (2)待 (3)詩

問五 想・験・笛・雪・運・福・放・開（順不同《じゅんふどう》）

第3回 どちらがよいか考えよう

考え方

やってみよう①

「みんなでやる」「一人でやる」のよいところとよくないところをあげます。たとえば、みんなでやるとわからないところを教え合えるというよい点があります。その一方で、教えてもらうと自分の力にならないという問題点もありますね。

「一人でやる」にも、よいところと、それとうらがえしのよくないところがあるよね。

やってみよう②

ここでは、「みんなでやる」「一人でやる」のどちらかを自分の立場として選びます。**やってみよう①**であげたよいところとよくないところを見くらべて、自分の考えを決めましょう。

やってみよう③

説得力のある意見をのべるためには、理由をきちんとのべることが大切です。**やってみよう①**であげたよいところを利用《りよう》して理由をまとめてもよいですし、反対側《はんたいがわ》の意見のよくないところを利用して理由をまとめることもできるでしょう。

答え 【例】

やってみよう①

【みんなでやる】

よいところ

・楽しく勉強できる。わからないところを教え合うことができる。

よくないところ

・ふざけてしまって、まじめに勉強できないかもしれない。

【一人でやる】

よいところ

・集中して勉強できる。

よくないところ

・勉強する気が起こらず、宿題をあと回しにしてしまう。

やってみよう②

みんなでやる

やってみよう③

・みんなでやったほうが楽しく勉強できるから。

・みんなとの約束《やくそく》があれば、あと回しにせずに勉強できるから。

意見【例①】

ぼくは、宿題はみんなで集まってやるのがいいと思います。

みんなでやったほうが楽しく勉強できるし、一人だとつい宿題をあと回しにしてしまいますが、みんなとの約束があればあと回しにせずにきちんと勉強ができます。みんなといっしょだとふざけて勉強にならないという意見もあるかもしれませんが、宿題が終わるまでよけいなおしゃべりをしないなど、みんなで約束をすればよいと思います。

だからぼくは、夏休みの宿題をみんなで楽しくやるほうがいいと思います。

意見【例②】

わたしは、宿題をみんなでやるよりも、一人でやったほうがよいと思います。

みんなでやると、おしゃべりをしてしまったり、終わらない子を待っていなくてはいけなかったりして、時間がかかります。一人でやれば、集中して短い時間で終わらせることができます。一人だとなかなか取り組まないという意見があるかもしれませんが、勉強のあとに何か楽しみを用意しておくなどすれば、問題ないと思います。

だからわたしは、宿題は一人で集中して終わらせるのがよいと思います。

宿題のやり方について、友《とも》達《だち》やおうちの人と話し合ってみてもおもしろいね。

第4回 説明文の読み取り①

考え方

問一 シマウマの白と黒のしまもようは、わたしたちが遠くから見ても「ひと目でわかるほど」のもようです。よって、はっきりしていて目立つという意味の言葉が（ A ）にあてはまります。10行目に「はでなしまもよう」、30行目に「はでで目立つ色」とありますね。

問二 ——①の直前の「そのため」に注目しましょう。「そのため」は、前のことがらが理由となって、その結果《けっか》になることをしめす接続語《せつぞくご》ですから、前の文が——①の理由になると考えられます。

> ところが、シマウマがむれで動いていると、一頭ずつでは目立つしまもようが重なり合って、どこからどこまでが一頭だか、わからなくなってしまいます。（18〜20行目）

この部分から、（ ）にあてはまるようにまとめましょう。（ a ）にはシマウマが見分けにくくなる場合を表す言葉、（ b ）には見分けにくくなる理由をあてはめればよいですね。

まとめ方は、答えのとおりでなくてもかまいません。

問三 24〜28行目に、わたしたち人間をふくむサルのなかま以外の動物の、ものの見え方が説明されています。

ライオンには、シマウマのむれがしまもようのかたまりのように見えるのかな。

かこんでみよう

24〜28行目 また、人間をふくむサルのなかま以外の、多くの動物は色をはっきりと見分けることができません。おもに白黒にしか見えないのです。

サルのなかま以外の動物は、シマウマの白黒のしまもようと周《まわ》りのものとを色で区別《くべつ》することができないのです。

わたしたちと多くの動物とでは、ものの見え方がちがうのね。

問四 **ア**〜**エ**をそれぞれ見ていきましょう。

ア 「ライオン」がどうやってえものをおそうのかは、15〜17行目に書かれています。**ア**は問題文の内容《ないよう》とあいますね。

イ シマウマがなかまを見分けられる理由は、第二段落《だんらく》（5〜7行目）に書かれています。しまもようは「しゅるい」によって少しずつちがうとありますね。**イ**は正しい内容です。

ウ 第三段落（8〜9行目）をよくたしかめましょう。「シマウマの子は、もようとにおいから、むれの中で母親を見分ける」とあります。「足あと」ではありませんね。

エ シマウマのしまもようは、ライオンなどのてきに対して「目くらましになっている（13〜14行目）」のでしたね。**エ**は正しい内容です。

あわないものを選ぶので、**ウ**が正解《せいかい》です。

ココが大切！

問題文に線を引きながら、選択肢《せんたくし》の内容とていねいに照《て》らし合《あ》わせることが大切です。

答え

問一 はで

問二 a＝むれで動いている　b＝しまもようが重なり合う

問三 おもに白黒にしか見えない

問四 ウ

第5回 言葉の学習①

考え方

問一 文は、主語・述語《じゅつご》・修飾語《しゅうしょくご》などによって組み立てられています。主語と述語は、文の組み立ての中心になる言葉です。「何が（は）」「だれが（は）」にあたる言葉が主語、「どうする」「どんなだ」「何だ」などにあたる言葉が述語です。修飾語は、主語や述語をくわしくする言葉で、「いつ」「どこで」「どのように」「どんな」「何を」などを表します。

それぞれの文の組み立てをたしかめましょう。

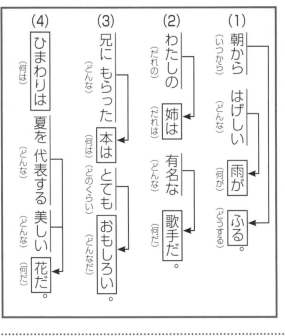

(1) 朝から（いつから） はげしい（どんな） 雨が（何が） ふる（どうする）。

(2) わたしの（だれの） 姉は（だれは） 有名な（どんな） 歌手だ（何だ）。

(3) 兄に もらった（どんな） 本は（何は） とても（どのくらい） おもしろい（どんなだ）。

(4) ひまわりは（何は） 夏を 代表する（どんな） 美しい（どんな） 花だ（何だ）。

(3)の「兄に もらった」や(4)の「夏を 代表する」は、二つの言葉で「どんな」を表しているね。

問二 (1)は、「どんな」音なのか、(2)は、車が「どのように」動き出すのかを表す言葉を選びます。

問三 (2)の「きれいな」と「まっ白い」は、どちらも主語「花が」にかかり、「どんな」を表します。

問四 文の中で二つのことがらをつなぐときに使う言葉を「接続語《せつぞくご》」といいます。

主な接続語とそのはたらきをおさえましょう。

だから それで そのため	前のことがらから予想されることがらをあとでのべる。
しかし でも ところが けれども	前のことがらから予想されることとはちがうことがらがあとにくる。

このほかにも、「つまり」など、前のことがらについて説明《せつめい》するもの、「また」など、二つ以上《いじょう》のことがらをならべるもの、「そして」など、前のことがらにあとのことがらをつけ加《くわ》えるものなどがあります。

(1)は、あとの文の内容《ないよう》が、前の文から予想される内容になっています。(2)は、海でしたことを前の文のあとにつけ加えています。(3)は、前の文から予想されることとはちがうことがらがあとに続いています。(4)は、「動物にかかわる仕事」の例《れい》をあげています。

ココが大切！

接続語を考えるときには、前後の内容がどのような関係《かんけい》になっているのかに注目しましょう。

問六 気持ちと行動のつながりをおさえて、あてはまる接続語を考えましょう。(1)は、はじめは「いやだな。」という消極的《しょうきょくてき》な気持ちでしたが、「全部あらった」らほめられて「うれしかった」というつながりですね。(2)は、「うれしかった」ために「また手伝いたい」気持ちになったというつながりです。

答え

問一 (1) 主語＝**ウ** 述語＝**エ** (2) 主語＝**イ** 述語＝**エ** (3) 主語＝**ウ** 述語＝**オ** (4) 主語＝**ア** 述語＝**オ**

問二 (1) にぎやかな (2) 急に

問三 (1) **ウ・エ・オ** (2) **ウ・エ**

問四 (1) だから (2) そして (3) しかし (4) たとえば

問五 (1) **ア** (2) **イ**

問六 (1) でも (2) だから

第6回 物語の読み取り②

考え方

問一 ――①は「えんりょしないで、ここでは男どうしのしょうぶをしろ」に続《つづ》く角山《つのやま》先生の言葉です。なぜ「えんりょしない」ようにと言ったのかは、すぐ前に書かれていますね。けんたろうが「手かげん」しているとわかったからです。1～2行目に「けんたろうはあきお君とのたいせんでは、本気になれない」とありますが、角山先生は、けんたろうのそんな気持ちを見ぬいて、「本気」でたたかうことの大切さを教えているのです。

問二 9～28行目は、けんたろうとあきお君が本気でたたかう場面です。場面を想像《そうぞう》しながら読みましょう。

●あきお君の様子
・じひびきをあげて、とっしんしてくる。
・足がもつれ、たおれてくる。
・ガバーッとひきつった顔。
●けんたろうの様子
・ひるむ。
・たおれてくるあきお君がスローモーションになる。
「ウォン・ウォン・ウォン・ウォン」

けんたろうの顔面にあきお君の顔がせまってくる。
→あきお君のけんが、けんたろうをちょくげき。

けんたろうには、たおれて自分のほうへとせまってくるあきお君の動きが、「スローモーション」のように感じられました。――②は、その様子を表しています。

あきお君がたおれてきて、けんたろうはひどくおどろいてあせっただろうな。

問三 けんたろうが――③のような態度《たいど》をとったのは、しんぱんである角山先生が、次のような判定《はんてい》をしたからです。

ラインを引こう
29行目「一本！ 前田の勝ち」

あきお君のけんがけんたろうに当たったのは、足がもつれてたおれたためですね。「これって、ありー？」の言葉からは、「偶然《ぐうぜん》のできごとで勝ち負けが決まるなんて、おかしいじゃないか」というような、判定に反発する気持ちが感じられますね。答えは**イ**です。

ウの「角山先生が、あきお君をわざと勝たせてあげたのではないか」と考えていることは、問題文からは読み取れません。

「くってかかる」は、はげしい態度や言葉で相手にたてつくことです。したがって、**ア**の「自分自身にはらをたてている」や**エ**の「くやんでいる」はあいません。

ココが大切！
物語全体の話の流れをとらえて、登場人物の気持ちを読み取ることが大切です。

問四 ――④の直前「これ」が指す内容《ないよう》は「いっけん弱そうな人が勝ったりする」ことですね。角山先生のこの言葉と同じ内容を表しているのは**エ**です。

アの「場所」については問題文に書かれていません。

イの「強いほうが必ず勝つ」というのは、角山先生の言葉と反対の内容です。

けんたろうとあきお君のしょうぶでは、弱そうに見えたあきお君が勝ちましたが、あきお君が「有利」にたたかえたわけではありませんね。**ウ**もちがいます。

答え

問一 本気
問二 あきお君の顔がせまってくる
問三 **イ**
問四 **エ**

第7回 漢字の学習②

考え方

問一　漢字のとめやはね、はらいなど、細かいところも正しく書けているか、よく見直しましょう。次にしめしたのは、特《とく》にまちがえやすいところです。書くときには注意しましょう。

漢字のココに注意

(1) 港　巳ではない。

(2) 農　はねる。

(3) 族　つき出さない。

(5) 達　横ぼうは三本。

(7) 助　はねる。

(8) 整　又ではない。

(9) 幸　二本書く。

(10) 最　形に注意。

漢字は、とめ、はね、はらいなどに気をつけて、一画ずつていねいに書こう。書き終えたら、必《かなら》ず見直そう。

送りがなは、読みまちがいをふせいで、言葉の意味をはっきりさせるためにつけます。(6)の「拾う」は、文の中では、「拾わない」「拾います」「拾えばよい」「拾おう」のように使うこともありますね。「拾う」のように形が変わる言葉は、ふつう、変わる部分から送りがなをつけます。(9)の「幸い」、(10)の「最《もっと》も」の送りがなは、それぞれ言葉の終わりです。「い」や「も」があることで、ほかの読み方と区別《くべつ》することができますね。

問二　漢字や言葉の意味を考えて、文にあう正しい漢字を書きましょう。

(1)①の「中央」は、「真ん中」という意味です。「央」には「真ん中・中心」という意味があります。②の「横断《おうだん》」は、「よこぎる」という意味です。

(2)①の「感想」は、心に感じたことです。②の「寒冷」は、気温が低《ひく》くとても寒いことです。③の「博物館」のほか、「図書館」「体育館」などと使う「館」には、「大きなたてもの」という意味があります。

(3)①の「作曲家」は、「曲」、つまり音楽を作る仕事をする人のことですね。②の「ゆうびん局」や「放送局」などと使う「局」は、かぎられた一部分や場所を表す漢字です。

(4)①の「注文」は、たのむことです。「注」には、液体《えきたい》や気持ちなどをそそぎこむという意味があります。②の「電柱」は、電信柱《でんしんばしら》のことですね。

「注」と「柱」のように、同じ読み方の漢字には、同じつくりをもつものもあるね。部首に気をつけて、正しく書き分けよう。

問三　まず、【例】をよくたしかめて、しりとりのルールをつかみましょう。前の熟語《じゅくご》の二文字めと次の熟語の一文字めが同じ読み方の漢字です。□の中の漢字の読み方を先にたしかめておくと、あてはまる言葉の見当がつきやすいでしょう。

問題のしりとりは、次のつながりになっています。

明暗《めいあん》→安全《あんぜん》→前進《ぜんしん》→深夜《しんや》→野球《やきゅう》→急用《きゅうよう》→陽気《ようき》

答え

問一　(1) 港　(2) 農業　(3) 家族　(4) 目的　(5) 配達　(6) 拾う　(7) 助ける　(8) 整える　(9) 幸い　(10) 最も

問二　(1) ①央　②横　(2) ①感　②寒　③館　(3) ①曲　②局　(4) ①注　②柱

問三　①全　②進　③深　④球　⑤急　⑥用　⑦陽

第8回 説明文の読み取り②

考え方

問一 「物ぶつ交かん」の欠点は、――①の直後の「でも」で始まる文に書かれています。

> でも、自分のほしい物を持っている人を見つけるのはたいへんですし、見つかっても相手が自分の持っている物をほしがらないこともあるでしょう。（3～6行目）

ここに二つあげられていますね。**ア**は、一つ目の欠点「自分のほしい物を持っている人を見つけるのはたいへん」とあいます。また、**ウ**は、二つ目の欠点「相手が自分の持っている物をほしがらないこともある」と同じ内容《ないよう》です。

問二 お米やぬのなどは「だれもがほしがる物と交かんすること」が考えられたころに使われていましたが、これらにも欠点がありました。

> お米…持ち歩くのはたいへん。味も落ちる。
> ぬの…長い間持っていればいたむ。
> 　→欠点
> そこで
> 持ち運びに便利で長持ちする 貝 が使われる。

貝は、お米やぬのなどより、交かんに便利だったのですね。

> **ココが大切！**
> 接続語《せつぞくご》に着目して、文と文のつながりを正しくおさえましょう。

問三 ――③の直前の「これ」が指す内容をおさえましょう。六八三年に銅《どう》を使って作られた「富本銭《ふほんせん》」のことですね。答えは「銅」です。

「富本銭」は、中国のお金を参考《さんこう》にして作られたと言われているよ。

問四 「財《ざい》」「貯」「買」に共通するのは「貝」ですね。（　A　）の前後の内容をたしかめましょう。

> 世界でいちばん古いお金＝「貝貨」
> ・四千年ほど前の中国のお金
> ・貝がらそのものをお金としていた
> 　タカラガイ（子安貝）
> 　↑
> お金に関する漢字に（　A　）の字が入っているのはこのため
> 　「財」「貯」「買」など

問五 25～27行目に、江戸《えど》時代のお金は「だ円形のものや、四角いもの」だったと書かれていますね。それをどのような形にしたのでしょうか。

> **ラインを引こう**
> **27～28行目** それをすべて丸い形（円形）にしたため、「円」という単位になったといわれています。

答えは、形の変化（だ円形・四角いお金→円形のお金）がわかるようにまとめましょう。明治《めいじ》時代の初めには、日本にはさまざまな種類《しゅるい》のお金があり、こんらんしていました。それを統《とう》一《いつ》するために、お金の制度《せいど》を整えたのです。

今は硬貨《こうか》は丸いのが当たり前だけど、昔はそうではなかったんだね。

答え

問一 ア・ウ

問二 持ち運びに便利で長持ちする（から。）

問三 銅

問四 貝

問五 だ円形や四角いお金をすべて円形に変えたから。（22字）

第9回 言葉の学習②

考え方

問一 前後の言葉に着目して、意味のちがいを考えましょう。

(1)は、「プール」「思いやり」「緑」などの言葉から、それぞれの「深い」の意味のちがいをとらえることができます。「深い」は「秋が深くなる」といった使い方もしますが、この場合は、「さかりになる」という意味です。(2)は、「手紙」「思い」「手」などに着目しましょう。

問二 慣用句《かんようく》には、にた言い回しのものが多いので、意味や使い方に気をつけましょう。体の部分を使う慣用句は特《とく》にまちがえやすいので、正しい言い方を覚《おぼ》えておきましょう。

ロボくんからの問題

次の（　）に共通《きょうつう》してあてはまる体の部分は何かわかるかな？（　）に書いてみよう。

・（　　）をうたがう。

・（　　）を丸くする。

問三 ア～エの慣用句は、どれもよく使われるものですね。アはなまける、イは今までのことをなかったことにする、ウは世話が焼《や》ける、エはざっと読むという意味です。

問四・問五 設問《せつもん》の文を声に出して読んでみましょう。言葉のつながりをまちがえると、おかしな表現《ひょうげん》になるばかりか、意味が伝わらなくなってしまいます。組みになって使われる言葉は、あとに続《つづ》く言い方が決まっています。正しいつながりを覚えておきましょう。

組みになって使われる言葉には次のようなものがあります。

もし	→～ば／たら／ならば	かりに想定する言い方。
たとえ	→～ても／でも	
どうして	→～か	たずねる言い方。
なぜ		
どうか	→～ください	願《ねが》いやたのみごとをのべる言い方。
ぜひ		
おそらく	→～だろう	予想をのべる言い方。
たぶん		
けっして	→～ない	打ち消す言い方。
ちっとも		
まるで	→～ようだ／みたいだ	たとえる言い方。
ちょうど		

問六 （　）の前に、「まるで」がありますね。「入道雲」の様子を「ソフトクリーム」にたとえた文ですから、「まるで～ようだ」のつながりになります。問題の文ではすぐ前に「の」があるので、「みたい」はあてはまりません。

文を書いたら必《かなら》ず読み返して、前後のつながりが正しいかどうか、たしかめることが大切だね。

答え

問一
(1)
①大人用プールは深い。 ― 底までの間が長い。
②深い思いやりをもつ。 ― ていどが強い。
③山が深い緑にそまる。 ― 色がこい。
(2)
①姉から手紙がとどく。 ― とうちゃくする。
②思いが友達にとどく。 ― 伝わる。
③たなに手がとどく。 ― 目ざす物につく。

問二 (1)むね (2)こし (3)せ・はら

問三 (1)**イ** (2)**エ** (3)**ウ** (4)**ア**

問四 (1)もし (2)たとえ (3)どうして (4)けっして

問五 (1)教えてください (2)なるだろう (3)すずしくない

問六 ようだ

ロボくんからの問題の答え　目

第10回 説明文の読み取り ③

考え方

問一 「かすみ堤《てい》」のきずきかたについては、――①の直後でくわしく説明《せつめい》されています。

ラインを引こう

16～18行目 かすみ堤とは、大雨のときには、こう水がぎゃくにながれて、川の外へあふれ出るよう、とぎれとぎれにつつみをきずいていくものです。

大量《たいりょう》の水がいちどにおしよせないように、川の外へあふれ出るしくみになっているのですね。

問二 「あそぶ」には、「使われずにそのままになっている」という意味があります。問題文ではどのようなことを表現《ひょうげん》しているか考えましょう。

「あふれた水」が「そのままになっている」ということは、流れずにとどまっていることを表します。答えは**エ**です。

ココが大切！
前後の内容《ないよう》に注意して、文中での言葉の意味を考えることが大切です。

問三 ――③の前に「こうして」とありますね。――③よりも前では、信玄《しんげん》がつつみをきずくことで川をおさめたことが説明されていました。

設問《せつもん》では、「つつみをきずくことのほかに」信玄が行ったくふうを聞かれています。そこで、さらに――③の続《つづ》きを読みましょう。

> 水のあふれるところには人を住まわせず、田畑が被害《ひがい》をうけても、人命はたすかりました。（25～27行目）

この一文に、信玄の人命を守るためのくふうが書かれていますね。初めの五字を書きぬきましょう。信玄は、川のおさめ方だけでなく、水があふれたときの被害を少なくすることも考えていたのです。

信玄は、人命を大切に考えて政治《せいじ》を行っていたんだね。

問四 問題文の構成《こうせい》をかくにんしましょう。

第一段落《だんらく》	むかしの日本人の川とのつきあいかたについて
第二段落	武田《たけだ》信玄・加藤清正《かとうきよまさ》のしょうかい
第三～五段落	武田信玄の治水の説明

第一段落の「むかしの日本人の川とのつきあいかた」の具体例として、筆者は武田信玄の治水の説明をしているのですね。したがって、第一段落に注目して、（　）にあてはまる言葉を考えます。

> ・ひとくちでいえば、「ふった雨を土に返そう。」とした。 ← 具体的な説明
> ・こう水もうけいれて、できるだけ土に返し、水がいちどに川へおしよせないよう、心をくだいた。こう水を、わざわざあふれさせることもあった。

Xは、自分で答えを考えてまとめるということに注意しましょう。

なお、22～24行目の「このように」で始まる文は、信玄がきずいた「かすみ堤」について、くふうされた点をまとめたものです。

> このように、ふった雨をできるだけ土に返し、あるいは土にとどめて、水がいちどにどっと下流へつっ走らないように、くふうしたのです。

この文にも、第一段落と同じことが書かれていますね。

答え

問一 川の外へあふれ出る
問二 エ
問三 水のあふれ
問四 X＝できるだけ土に返す（9字）
Y＝水がいちどに川へおしよせない（14字）

第11回 読書感想文を書こう①

考え方

やってみよう①

この日の体育の時間、「ぼく」は、自信があったてつぼうでサトルに負けてしまいました。それだけでも「ぼく」にはショックだったのに、さらに放課後、サトルは、「ぼく」もまだできない足かけ前まわりの連発を決めてみせたのです。そのときの様子について、次のように書かれています。

> いままで見たことのないサトルが、てつぼうの上から、ぼくを見おろしていた。(18～19行目)

いままでは、てつぼうでは自分のほうが上だと思っていたのに、今はサトルが「ぼく」を上から見おろしています。それが立場としても下に見られているような気がして、「ぼく」にはたまらなくくやしかったのですね。

ぼくも友達《ともだち》に負けるのはくやしいもん。この気持ち、よくわかるなあ。

やってみよう②

「ぼく」が「なんだよ、まだオネショしてるくせに！」と言ったとき、サトルは青ざめています。しかも、いっしょにいた女の子たちは、この言葉を聞いてわらっています。

このあとの「ぼく」の気持ちが書かれている部分を、文章の中からぬき出してみましょう。

> ・しまった！　と思ったときは、もうおそかった。(25行目)
> ・言ってしまってから、ぼくはすぐにこうかいした。(29行目)
> ・ぼくとサトルは、ともだちだ。ともだちのひみつは、ぼくのひみつなんだ。(30～31行目)

言ってしまってからすぐに、「しまった！」とこうかいしていることがわかりますね。「ぼく」がばらしてしまったのは、サトルが決して人に知られたくないひみつです。それを女の子たちがいる前でばらしてしまったという、自分の取り返しのつかない行動をこうかいしているのです。

答え 【例】

やってみよう①

自分がサトルに見下されているように感じて、くやしくてたまらない気持ち。

やってみよう②

自分がサトルの大切なひみつをばらしてしまったことをこうかいする気持ち。

第12回 読書感想文を書こう②

考え方

やってみよう①

「自分が『ぼく』だったら……」と、登場人物になりきって考えてみます。登場人物になりきることで、より自分らしい感想文が書けるようになりますよ。

「ぼく」と同じように、サトルにはらを立てて、ひどいことを言ったりしたりしてしまうだろう、と考える人もいるでしょう。反対に、「自分なら決して『ぼく』のようにならない」と感じる人もいるかもしれません。「ぼく」になりきって、場面を想像《そうぞう》することが大切です。

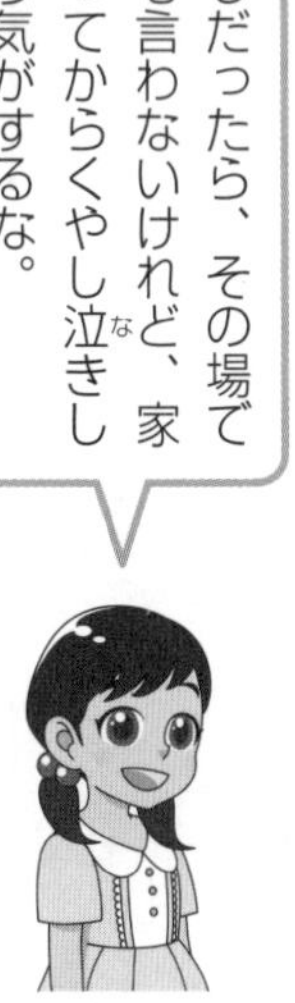
わたしだったら、その場では何も言わないけれど、家に帰ってからくやし泣《な》きしちゃう気がするな。

やってみよう②

登場人物とにたような思いをした経験《けいけん》を思い出して書きます。これも、自分らしい感想文を書くために大切な作業です。

「ぼく」と同じように、友達に負けたり、先をこされたりして、くやしい思いをした経験を思い出しましょう。そのときの自分の気持ち、言葉、行動や、そのあとどうなったのかなどもメモしておくと、感想文を書くときに役に立ちますよ。

やってみよう③

感想文では、本を読んで考えたことをのべることがとても大切です。あなたは、今回の文章を読んで、どんなことを考えたでしょうか。「ぼく」の気持ちがよくわかる、という人もいれば、「ぼく」がやったことはゆるされないと、いかりを感じた人もいるでしょう。感想文の場合は「正解《せいかい》」はありませんから、自分が考えたことを素直《すなお》に書きましょう。

今回の文章を読んで、「これから自分はこうしていきたい」と考えるようになったことがあれば、それも書いておこう。

答え【例】

やってみよう①

・サトルに対して「いい気になるなよ」と言ってしまいそう。

・次の日から、足かけ前まわりを連続《れんぞく》でできるようにたくさん練習する。

やってみよう②

スイミングスクールで、いっしょに通っていた友達が先に上のクラスに上がってしまったとき、くやしくてしばらくその子と口をきかなかった。

やってみよう③

友達に負けてくやしい気持ちは、友達にぶつけるのではなく、そのあとの練習などの努力《どりょく》に変《か》えていかなくてはいけないと思った。

読書感想文【例①】

わたしは、「ぼく」の気持ちがよくわかります。スイミングスクールで、友達が先に上のクラスに上がってしまったとき、わたしはくやしくてその子としばらく口をききませんでした。そのときのわたしの気持ちは、サトルにひどいことを言った「ぼく」と同じだったと思います。

でも、しばらくしてから、大切なのは友達にくやしさをぶつけることではなくて、一生けんめい練習をして自分も早く上のクラスに上がることだと気づきました。そして、練習の結果《けっか》、すぐに友達と同じクラスになれました。

「ぼく」も、サトルにひどい言葉をぶつけたりせずに、一生けんめいてつぼうの練習をすればよかったのに、と思います。わたしは、今度「ぼく」と同じような場面になったら、「すごいね」と友達の努力を笑顔《えがお》でみとめて、自分も負けないように努力ができる人になりたいです。

スイミングスクールでの自分の経験と、「ぼく」の経験をくらべながら感想を書いています。文章を読んで、「こんな人になりたい」という目《もく》標《ひょう》を立て、それをふくめた内容《ないよう》にしています。

読書感想文【例②】

もしもぼくが「ぼく」の立場だったら、きっとくやしいと思う。でも、オネショのことをみんなにばらしたことは、やっぱりひきょうでゆるせない。

「ぼく」も言ったあとですぐにこうかいしているから、本当はそんなことを言うつもりはなかったのだろう。くやしさといかりで、つい言ってしまったのだと思う。しかし、言ってしまったことは取り返しがつかない。

ぼくはこれを読んで、とてもこわいなと感じた。ぼくもこの先、くやしい思いをすることが何度もあると思う。でもそのとき、「ぼく」のように、取り返しのつかないことをして友達をきずつけたくない。くやしいとき、はらが立っているときでも、笑顔で友達とせっすることのできる、強い人になりたいと思った。

「ぼく」のとった取り返しのつかない行動を指《し》摘《てき》するだけでなく、それをこれからの自分の行動に生かそうという視点《してん》で書いています。文章を読んで考えたことをふくめて書いています。

まとめ

書いてみよう

・がんばったところ

住んでいるところから遠いところのことも，図書館に行ってたくさん本を見て調べました。

・むずかしかったところ

全国のお祭りだけがのっている本を見つけられなかったので，調べるのがむずかしかったです。

・すごろくで遊んでみて思ったこと

友だちが，ほかの県のお祭りのことを教えてくれて勉強になりました。

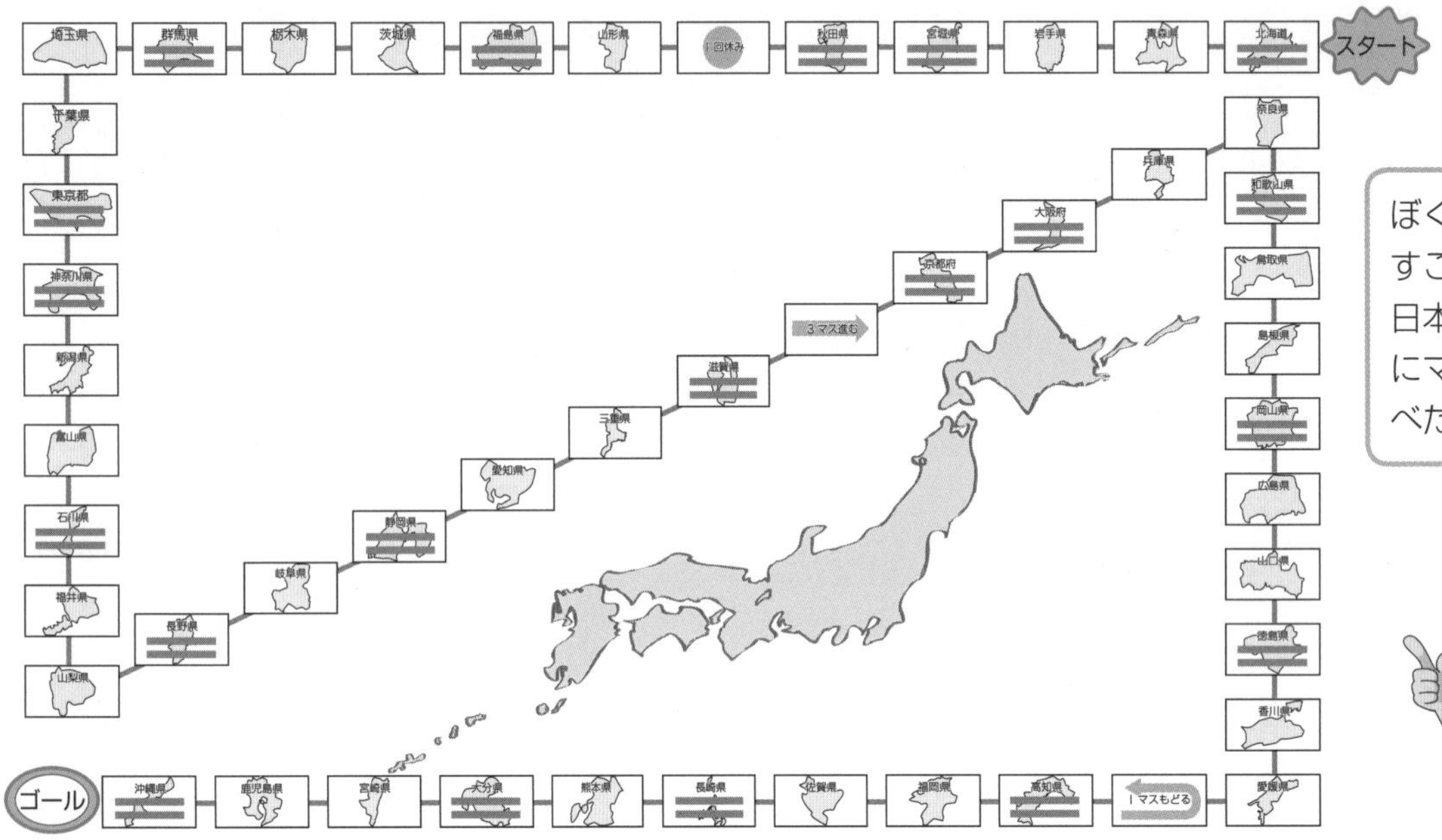
スタート
北海道
青森県
岩手県
宮城県
秋田県
1回休み
山形県
福島県
茨城県
栃木県
群馬県
埼玉県
千葉県
東京都
神奈川県
新潟県
富山県
石川県
福井県
山梨県
長野県
岐阜県
静岡県
愛知県
三重県
滋賀県
3マス進む
京都府
大阪府
兵庫県
奈良県
和歌山県
鳥取県
島根県
岡山県
広島県
山口県
徳島県
香川県
愛媛県
1マスもどる
高知県
福岡県
佐賀県
長崎県
熊本県
大分県
宮崎県
鹿児島県
沖縄県
ゴール

ぼくが作ったすごろくだよ。日本のまわりにマスをならべたよ。

プラスワン 地域区分《ちいきくぶん》と気候《きこう》

日本では，都道府県を８つの地方に分けるほか，気候により６つの地域に区分することがあります。たとえば，冬に日本海側《にほんかいがわ》の地域ではたくさん雪がふりますが，太平洋側《たいへいようがわ》では雨や雪があまりふりません。また，中央高《ちゅうおうこう》地《ち》や瀬戸内海《せとないかい》のまわりの地域では，１年を通して雨が少ないといった特徴《とくちょう》があります。ほかにどのような区分のしかたがあるか調べてみましょう。

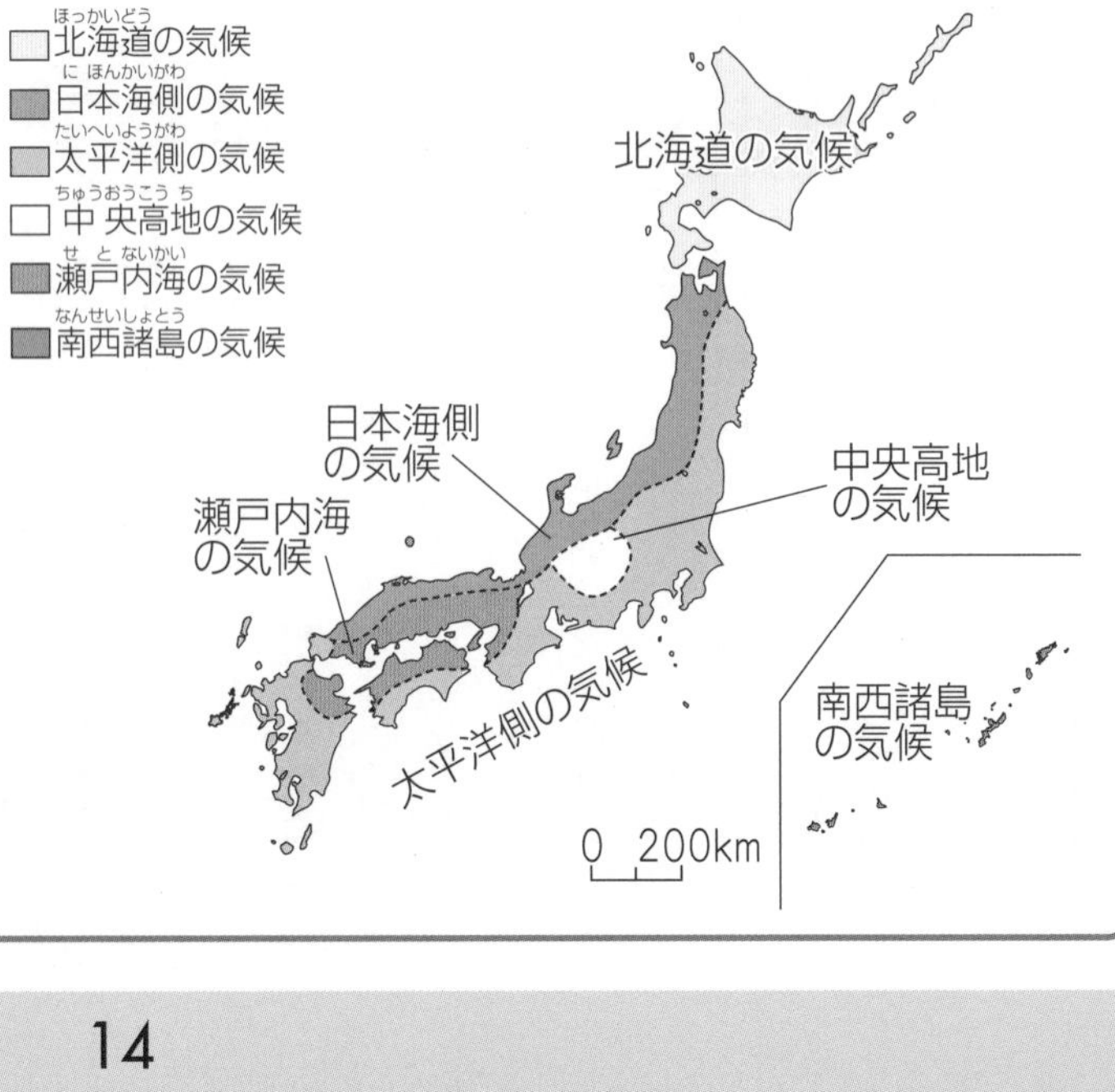
北海道《ほっかいどう》の気候
日本海側《にほんかいがわ》の気候
太平洋側《たいへいようがわ》の気候
中央高地《ちゅうおうこうち》の気候
瀬戸内海《せとないかい》の気候
南西諸島《なんせいしょとう》の気候
北海道の気候
日本海側の気候
中央高地の気候
瀬戸内海の気候
太平洋側の気候
南西諸島の気候
0 200km

社会　都道府県すごろくを作ろう

じゅんび

やってみよう

住んでいる都道府県の位置はわかったかな？　都道府県の位置を地図でかくにんしておこう。

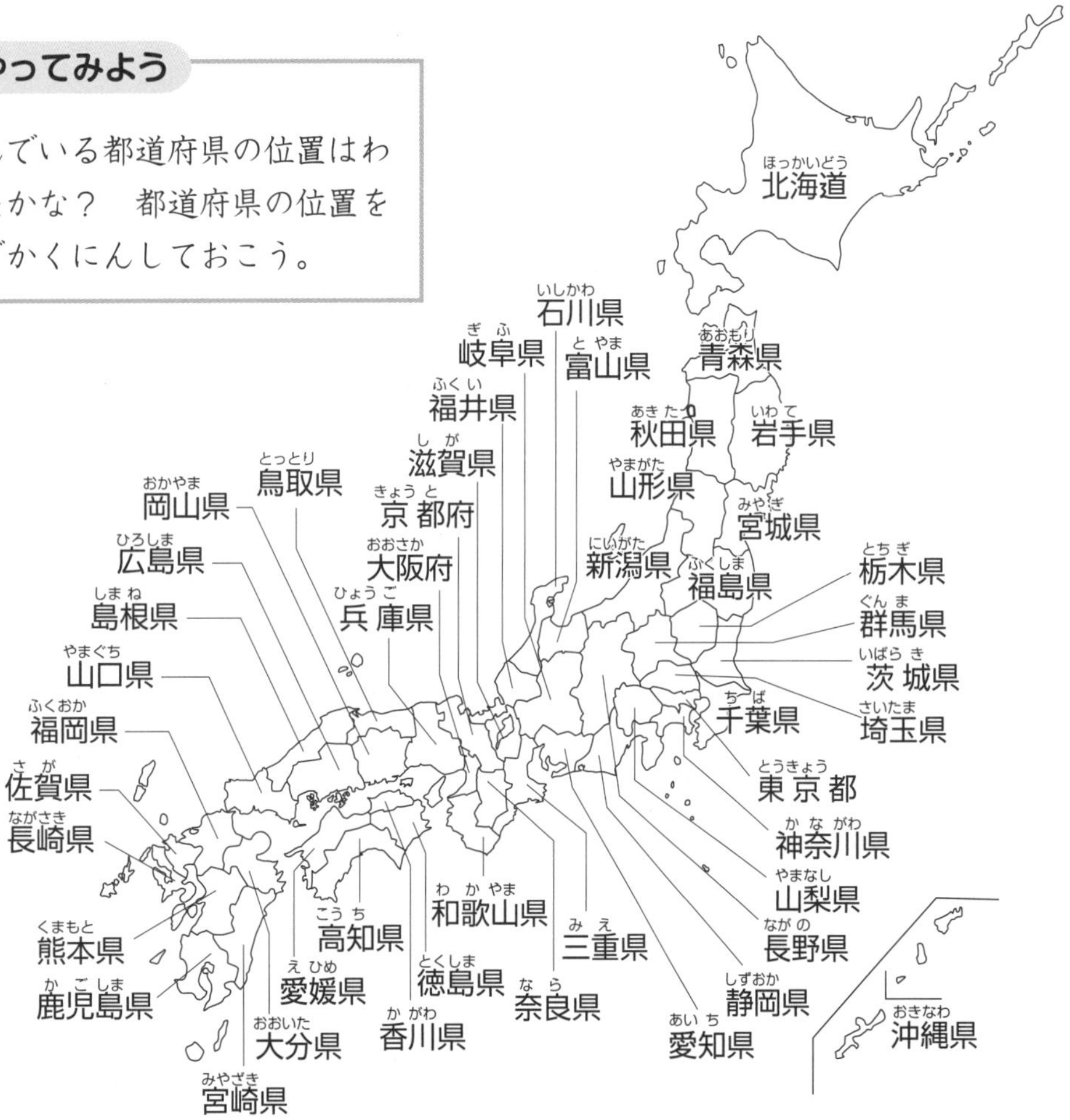

なおとさんの例

書いてみよう

- プロ野球チームがある都道府県
- 有名なお祭りがある都道府県
- 新幹線の駅がある都道府県

プロ野球チームがある都道府県って少ないんだよね。ぼくは，お祭りをテーマにしてすごろくを作ったよ。

体けん

都道府県名	マスに書くこと	地図中の番号
神奈川《かながわ》県	湘南《しょうなん》ひらつか七夕まつり	⑭
北海道《ほっかいどう》	さっぽろ雪まつり	①
宮城《みやぎ》県	仙台《せんだい》七夕まつり	④
京都《きょうと》府	祇園《ぎおん》祭	㉖
長崎《ながさき》県	長崎《ながさき》くんち	㊷
高知《こうち》県	よさこい祭り	㊴
大阪《おおさか》府	岸和田《きしわだ》だんじり祭	㉗
徳島《とくしま》県	阿波《あわ》おどり	㊱

プラスワン　さらにくわしく調べる場合は……

（例）●１つの形の月だけではなく，別の日にちがう形の月も観察《かんさつ》してみましょう。
観察方法は，37ページの体けんと同じようにします。月の形によって見える時刻や方位がちがうので，観察をはじめる前に，新聞やインターネットで調べておきましょう。

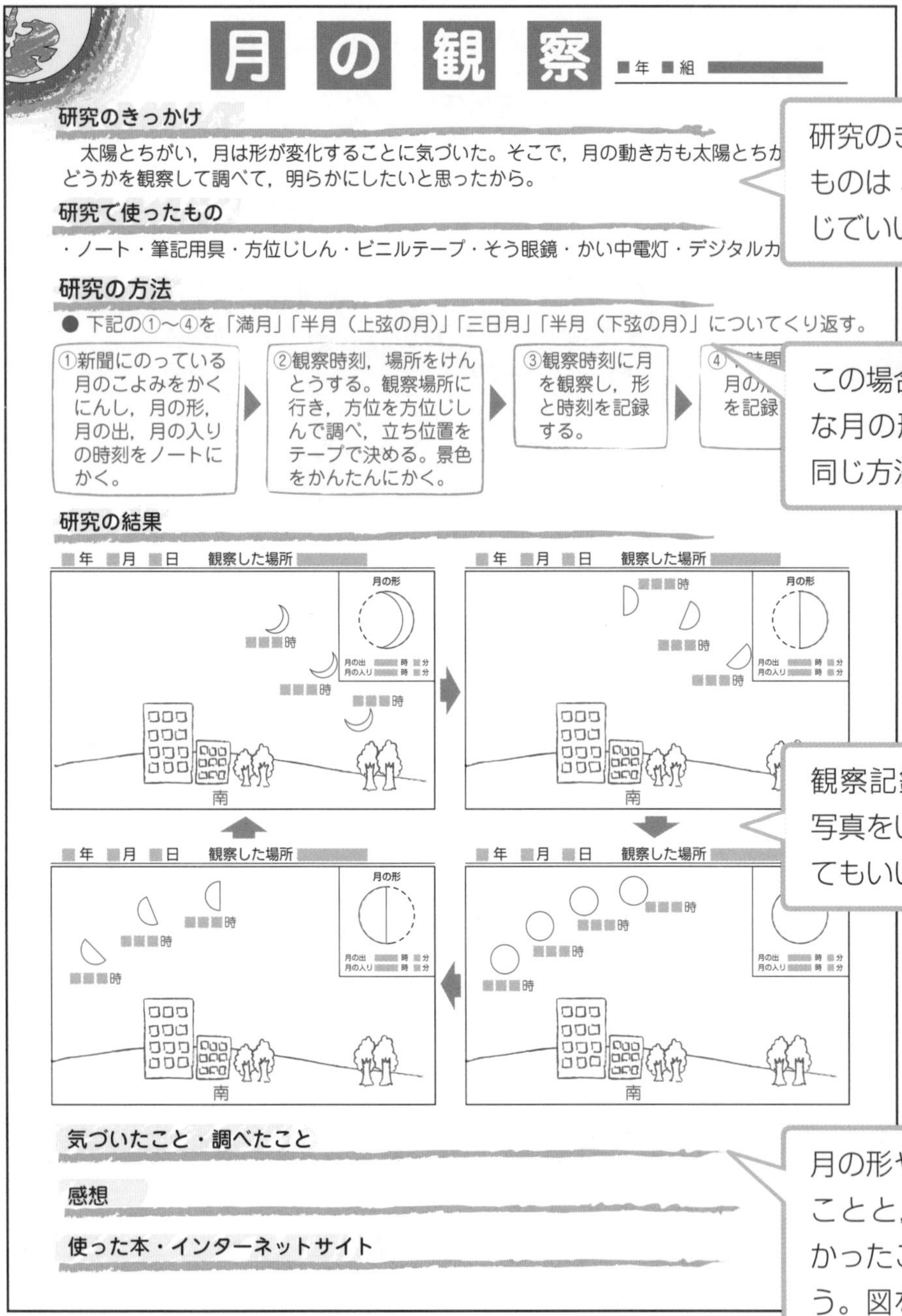

月の観察

■年 ■組

研究のきっかけ

太陽とちがい，月は形が変化することに気づいた。そこで，月の動き方も太陽とちか
どうかを観察して調べて，明らかにしたいと思ったから。

研究で使ったもの

・ノート・筆記用具・方位じしん・ビニルテープ・そう眼鏡・かい中電灯・デジタルカ

研究の方法

● 下記の①～④を「満月」「半月（上弦の月）」「三日月」「半月（下弦の月）」についてくり返す。

①新聞にのっている月のこよみをかくにんし，月の形，月の出，月の入りの時刻をノートにかく。 ▶ ②観察時刻，場所をけんとうする。観察場所に行き，方位を方位じしんで調べ，立ち位置をテープで決める。景色をかんたんにかく。 ▶ ③観察時刻に月を観察し，形と時刻を記録する。 ▶ ④
月の
を記録

研究の結果

気づいたこと・調べたこと

感想

使った本・インターネットサイト

研究のきっかけや，研究で使ったものは35ページのまとめ方と同じでいいよ。

この場合の研究方法は，いろいろな月の形を調べるから，その分，同じ方法を何度もくり返すよ。

観察記録をのせよう。写真をいっしょにのせてもいいよ。

月の形や位置《いち》について，気づいたことと，それについて調べて分かったことについて具体的《ぐたいてき》に書こう。図を入れて説明してもいいよ。

●月の形が変わるなぞを調べてみましょう。

図書館などで月についての本を借《か》りて，月の形が変わって見えるひみつをさぐってみましょう。

●月のもようについて調べてみましょう。

月のもようは，日本ではウサギに見立てられることが多いですが，ほかの国では別のいろいろなものに見立てられています。どの国でどんなものに見立てられているか調べてみましょう。また，どんなものに見立てられるか，あなたが新しく考えてもよいでしょう。

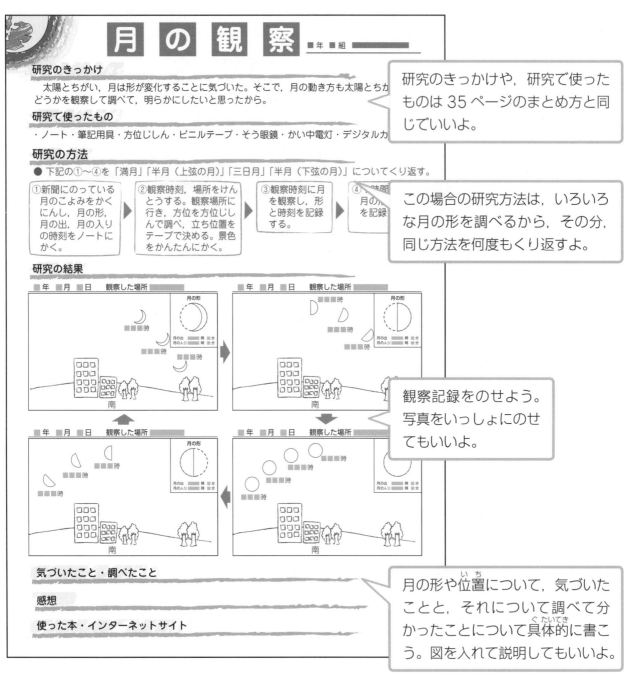

理科　月はかせになろう

クイズ　**答え** ❶ ③

太陽の動き

太陽は，東からのぼり，南の空を通って，西にしずみます。

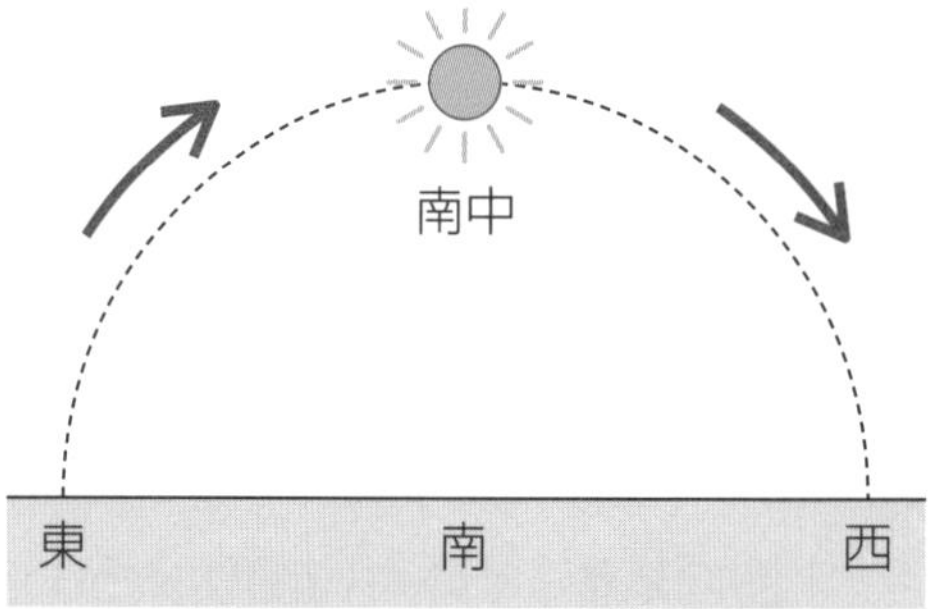

南中
東
南
西

クイズ　**答え** ❷ ①

月の動き

月も，太陽と同じように東からのぼり，南の空を通って，西にしずみます。ただし，月は形によって見える時刻《じこく》がことなります。

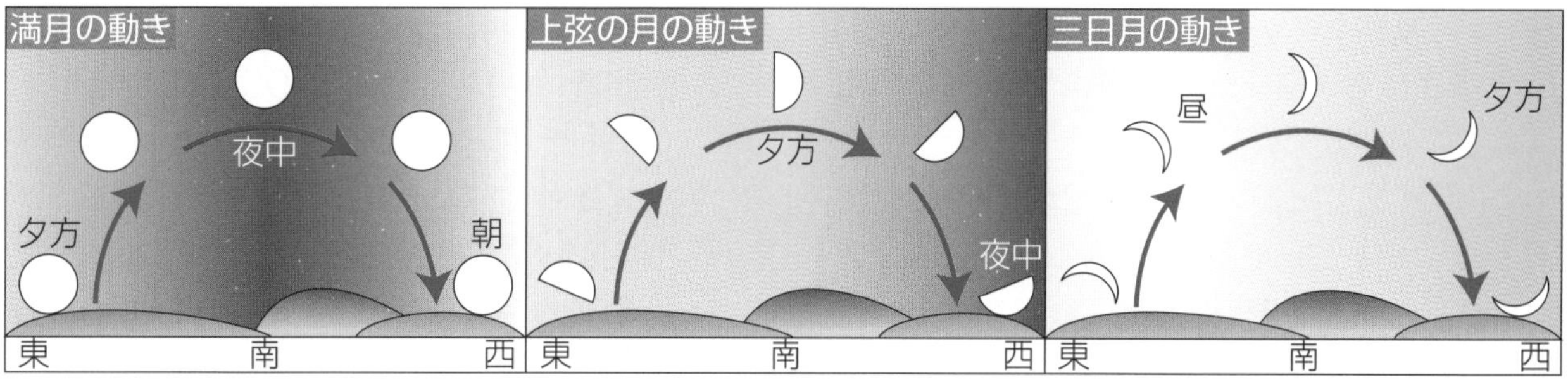

満月の動き
夕方
夜中
朝
東
南
西
上弦の月の動き
夕方
夜中
東
南
西
三日月の動き
昼
夕方
東
南
西

38 ページ　やってみよう　の例

明日の月

【形】

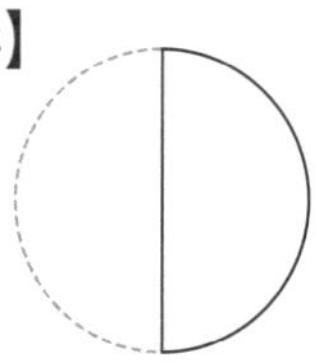

【月の出】
11 時　57 分

【月の入り】
22 時　47 分

満月になるのは，約(8)日後

36 ページ　やってみよう　の例

観察しやすい月の形と時刻　※明るい時間帯《じかんたい》は見えにくくなります。

●満月は午後 8 時ごろから●　**●上弦の月は午後 5 時ごろから●**　**●三日月は午後 5 ～ 7 時ごろ●**

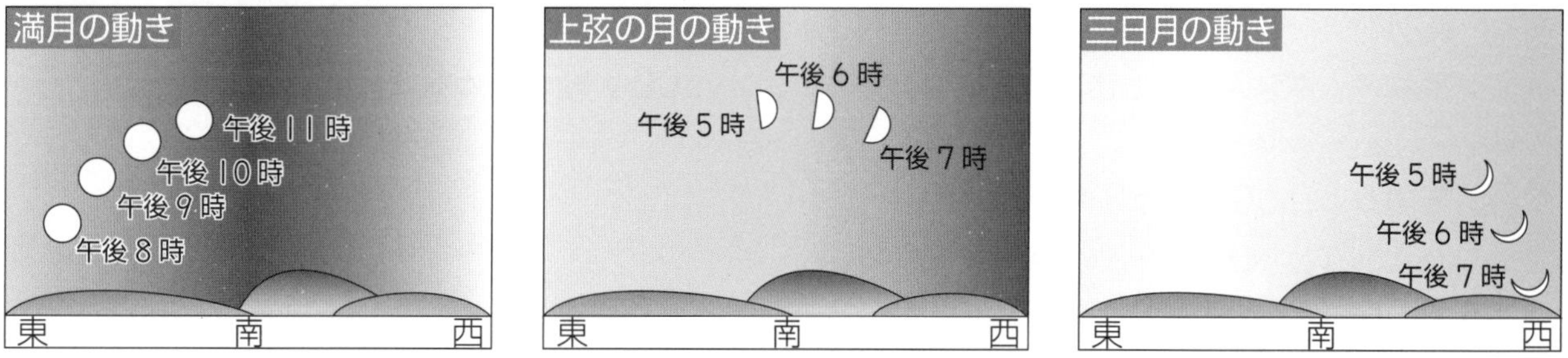

満月の動き
午後 11 時
午後 10 時
午後 9 時
午後 8 時
東
南
西
上弦の月の動き
午後 6 時
午後 5 時
午後 7 時
東
南
西
三日月の動き
午後 5 時
午後 6 時
午後 7 時
東
南
西

第16回 がい算と見積もり

答え

❶ (1) 7月…24000人　8月…19000人

(2) [式] 24000 + 19000 = 43000

[答え] (約) 43000人

❷ (1) 560 × 47

(2) [見積もりの式] 600 × 50 = 30000

[見積もり] (約) 30000円

❸ たりる

❹ こえる

考え方

❶ がい数にしてから計算します。

(1) 7月と8月の入館者数をそれぞれ千の位までのがい数で表します。

7月…23758 → (約) 24000人

切り上げ

8月…19463 → (約) 19000人

切り捨て

(2) 7月と8月の入館者数の和をがい数で求めると,

24000 + 19000 = 43000

したがって, (約) 43000人です。

❷ かける数とかけられる数を, それぞれがい数にして見積もります。

(1) 交通費の合計は,

1人分の交通費×人数

で求められるから, 560 × 47

(2) 上から2つ目の位を四捨五入します。

1人分の交通費…560 → 600円

切り上げ

4年生の人数…47 → 50人

切り上げ

計算すると, 600 × 50 = 30000

したがって, 交通費の合計の見積もりは, (約) 30000円です。

ふだん, 計算をするときに, 答えを見積もってから計算すると, まちがいをふせぐことができるよ。

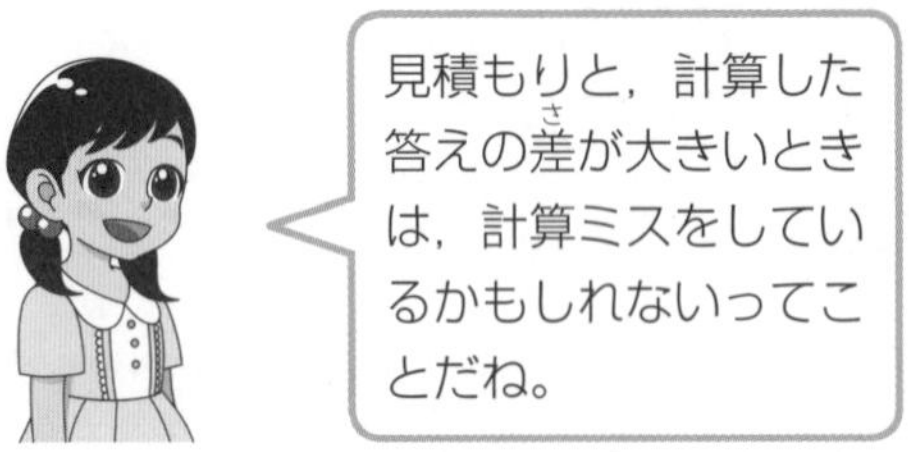
見積もりと, 計算した答えの差《さ》が大きいときは, 計算ミスをしているかもしれないってことだね。

❸ それぞれのねだんの百の位を切り上げます。

水着　…　2000円

ビーチボール　…　1000円

うきわ　…　2000円

したがって, 代金のがい算は,

2000 + 1000 + 2000 = 5000(円)

実際《じっさい》の代金は, 5000円よりも安いので, 5000円でたりることがわかります。

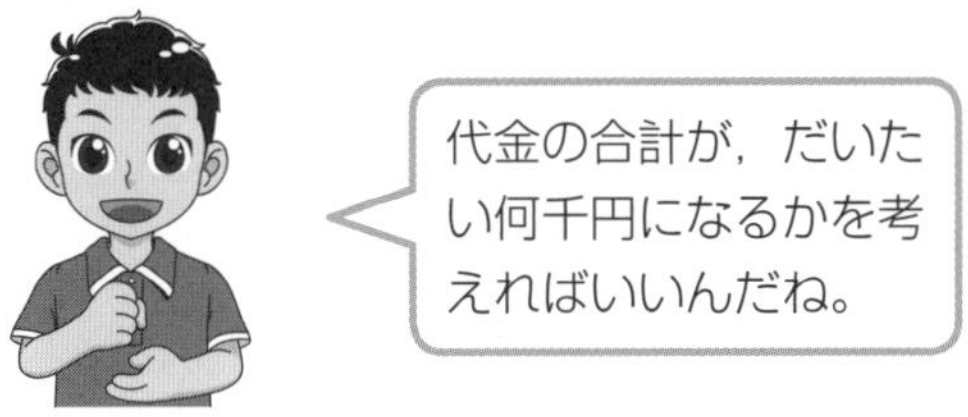
代金の合計が, だいたい何千円になるかを考えればいいんだね。

❹ それぞれのねだんの十の位を切り捨てます。

フライパン　…　1500円

水切りかご　…　400円

フライ返し　…　600円

皿　…　500円

したがって, 代金のがい算は,

1500 + 400 + 600 + 500 = 3000(円)

実際の代金は, 3000円よりも高いので, 3000円をこえることがわかります。

第15回 がい数

答え

❶ (1) 1300 (2) 2800 (3) 48000
(4) 70000

❷ ㋐, ㋓, ㋕

❸ (1) 2500 (2) 8300 (3) 48000
(4) 520000

❹ (1) 345, 346, 347, 348, 349,
350, 351, 352, 353, 354
(2) 7150 (から) 7249 (まで)
(3) 17500 (以上) 18500 (未満)

❺ (いちばん少なくて) 35500 (人)
(いちばん多くて) 36499 (人)

考え方

❶ 1つの数をある位までのがい数にするには，そのすぐ下の位の数字を四捨五入します。

(1) 百の位までのがい数にするには，十の位を四捨五入します。

1273 → 1300
切り上げ

(2) 百の位までのがい数にするには，十の位を四捨五入します。

2845 → 2800
切り捨《す》て

(3) 千の位までのがい数にするには，百の位を四捨五入します。

47961 → 48000
切り上げ

(4) 一万の位までのがい数にするには，千の位を四捨五入します。

73154 → 70000
切り捨て

❷ 上から1けたのがい数にするには，上から2つ目の位を四捨五入します。

㋐ 2541 → 3000 切り上げ　㋑ 2489 → 2000 切り捨て
㋒ 3762 → 4000 切り上げ　㋓ 3384 → 3000 切り捨て
㋔ 29618 → 30000 切り上げ　㋕ 2800 → 3000 切り上げ

したがって，答えは㋐，㋓，㋕です。

❸ 上から3つ目の位を四捨五入します。

(1) 2536 → 2500 切り捨て　(2) 8274 → 8300 切り上げ

(3) 48190 → 48000 切り捨て　(4) 523762 → 520000 切り捨て

❹ 「から」「まで」と「以上」「未満」のちがいに気をつけましょう。

(1) 一の位を四捨五入して350になる整数は，
切り上げ…345，346，347，348，349
切り捨て…350，351，352，353，354

(2) 十の位を四捨五入して7200になる整数は，7150から7249までです。7350は四捨五入すると7400になります。

(3) 百の位を四捨五入して18000になる数は，17500以上18500未満です。

「17500以上」は，「17500と等しいか，それより大きい」という意味で，「18500未満」は，「18500より小さい」という意味だね。

❺ 百の位を四捨五入して36000になる整数は，35500から36499までです。36500は四捨五入すると37000になります。

第14回 2けたのわり算 (2)

答え

※❶の筆算は「考え方」を見てください。

❶ (1) 2あまり10　(2) 30
(3) 23　(4) 52あまり11
(5) 5あまり63　(6) 7あまり12
(7) 40

❷ [式] 2845 ÷ 25 = 113あまり20
[答え] 113 (箱できて,) 20 (本あまる。)

❸ [式] 3000 ÷ 500 = 6
[答え] 6倍

❹ (1) 990　(2) 11あまり77

考え方

❶ 商が何の位《くらい》からたつのかに，気をつけて計算しましょう。

(1)
$$\begin{array}{r} 2 \\ 42\overline{)\,94} \\ \underline{84} \\ 10 \end{array}$$

(2)
$$\begin{array}{r} 30 \\ 19\overline{)\,570} \\ \underline{57} \\ 0 \end{array}$$

(3)
$$\begin{array}{r} 23 \\ 26\overline{)\,598} \\ \underline{52} \\ 78 \\ \underline{78} \\ 0 \end{array}$$

(4)
$$\begin{array}{r} 52 \\ 18\overline{)\,947} \\ \underline{90} \\ 47 \\ \underline{36} \\ 11 \end{array}$$

(5)
$$\begin{array}{r} 5 \\ 124\overline{)\,683} \\ \underline{620} \\ 63 \end{array}$$

(6)
$$\begin{array}{r} 7 \\ 37\overline{)\,271} \\ \underline{259} \\ 12 \end{array}$$

(7)
$$\begin{array}{r} 40 \\ 23\not{0}\overline{)\,920\not{0}} \\ \underline{92} \\ 0 \end{array}$$

商の一の位に0をわすれない。

❷ できる箱の数は，全部のゴーヤの数÷1箱に入れるゴーヤの数で求められるから，

2845 ÷ 25 = 113あまり20

したがって，113箱できて，20本あまります。

❸ ふうりんのねだんが，うちわのねだんの□倍とすると，

500 ×□= 3000

□は500にかけると3000になる数だから，

3000 ÷ 500 = 6

したがって，ふうりんのねだんは，うちわのねだんの6倍です。

$$\begin{array}{r} 6 \\ 5\not{0}\not{0}\overline{)\,30\not{0}\not{0}} \\ \underline{30} \\ 0 \end{array}$$

0を2つずつ消して計算すればいいんだね。

❹ わる数×商＋あまり＝わられる数であることを使います。

(1) わる数×商＋あまり＝わられる数
ある数

だから，ある数は，

38 × 26 + 2 = 990

たしかめの式を使って考えるんだね。

(2) ある数を83でわった答えは，

990 ÷ 83 = 11あまり77

第13回 2けたのわり算（1）

答え

※❶の筆算は「考え方」を見てください。

❶ (1) 3　(2) 2あまり1
(3) 5あまり8　(4) 3あまり3
(5) 4あまり9　(6) 6あまり8
(7) 2あまり15　(8) 2あまり12

❷ [式] 550 ÷ 80 = 6あまり70
[答え] 6（さつ買えて,）70（円あまる。）

❸ (1) [式] 82 ÷ 12 = 6あまり10
[答え] 6（ふくろできて,）
10（つぶあまる。）
(2) 6, 10

考え方

❶ あまりがある場合は，わる数よりも小さくなっていることをたしかめましょう。

(1)
```
   3
32)96
   96
    0
```

(2)
```
   2
47)95
   94
    1
```

(3)
```
   5
14)78
   70
    8
```

(4)
```
   3
29)90
   87
    3
```

(5)
```
   4
18)81
   72
    9
```

(6)
```
   6
12)80
   72
    8
```

(7)
```
   2
35)85
   70
   15
```

(8)
```
   2
43)98
   86
   12
```

❷ 買えるノートの数は，
全部のお金÷1さつのねだん
で求められるから，
550 ÷ 80 = 6あまり70
したがって，6さつ買えて，70円あまります。

```
     6
80)550
   480
    70
```

わられる数とわる数の終わりに，0のある数のわり算は，わられる数の0を，わる数の0と同じ数だけ消してから計算することもできます。

```
     6
80̸)550̸
    48
    70
```

あまりを求めるときは，消した0の数だけあまりに0をつけるよ。

0を1つずつ消して計算したから，0を1つつける。

❸ 2けたでわるわり算でも，たしかめの式を使って，答えをたしかめることができます。
(1) できるふくろの数は，
全部の種の数÷1ふくろに入れる種の数
で求められるから，
82 ÷ 12 = 6あまり10
したがって，6ふくろできて，10つぶあまります。

```
   6
12)82
   72
   10
```

(2) わる数×商＋あまり＝わられる数
の式にあてはめると，
12 × 6 + 10 = 82

第12回 式と計算

答え

❶ (1) 1050　(2) 85　(3) 3
(4) 96　(5) 35　(6) 4
(7) 10　(8) 9

❷ ① 3　② 25　③ 2500
④ 75　⑤ 2425

❸ (1) 100　(2) 170

❹ (1) [式] 5 × (18 + 17) = 175
[答え] 175本
(2) [式] 5000 ÷ 2 + 2500 ÷ 5 × 3
= 4000
[答え] 4000円

考え方

❶ いろいろな計算のまじった式では，①（　）の中　②かけ算，わり算　③たし算，ひき算の順《じゅん》で計算します。

(1) 21 ×（18 + 32）= 21 × 50 = 1050

(2) 73 + 84 ÷ 7 = 73 + 12 = 85

(3) 120 ÷ 8 − 4 × 3 = 15 − 12 = 3
①　②
③

(4) (11 + 5) × (9 − 3) = 16 × 6 = 96
①　②
③

(5) 56 ÷ (2 + 6) × 5 = 56 ÷ 8 × 5
= 7 × 5 = 35
①
②
③

(6) 8 − (40 − 4) ÷ 9 = 8 − 36 ÷ 9
= 8 − 4 = 4
①
②
③

(7) 37 − (3 + 3 × 8) = 37 − (3 + 24)
= 37 − 27 = 10
①
②
③

(8) (23 + 8 ÷ 2) ÷ 3 = (23 + 4) ÷ 3
= 27 ÷ 3 = 9
①
②
③

❷ 97を100 − 3と考えて，(○−△) ×□ =○×□−△×□を使います。
97 × 25 = (100 − 3) × 25
= 100 × 25 − 3 × 25
= 2500 − 75 = 2425

❸ 計算のきまりを使います。

(1) ○×□＋△×□＝（○＋△）×□だから，
9 × 5 + 11 × 5 = (9 + 11) × 5
= 20 × 5 = 100

(2) ○×□−△×□＝（○−△）×□だから，
43 × 17 − 33 × 17
= (43 − 33) × 17 = 10 × 17 = 170

❹ ことばの式を書くと，わかりやすくなります。

(1) えんぴつ全部の本数は，
1人に配った本数×全部の人数
で求められるから，
5 × (18 + 17) = 5 × 35 = 175（本）
（18 + 17）：全部の人数

(2) 代金の合計は，
メロン1この代金＋もも3この代金
で求められるから，
5000 ÷ 2 + 2500 ÷ 5 × 3
= 2500 + 1500
= 4000（円）
5000 ÷ 2：メロン1この代金　2500 ÷ 5 × 3：もも1この代金

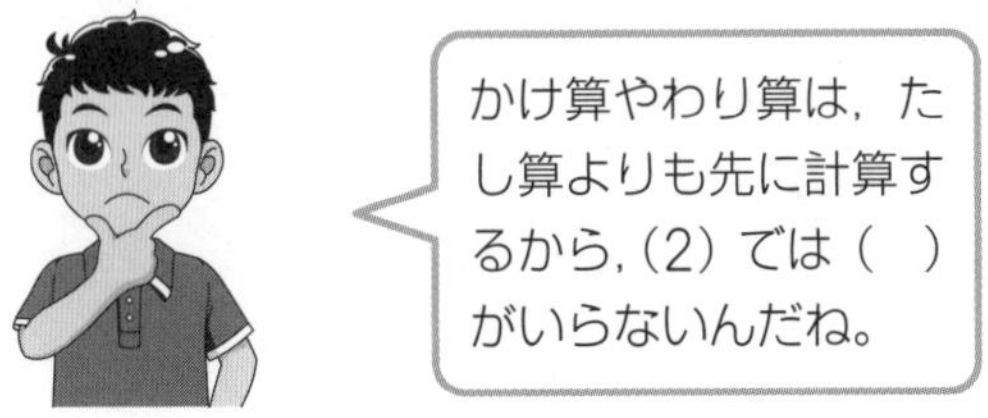
かけ算やわり算は，たし算よりも先に計算するから，(2) では（　）がいらないんだね。

第11回 四角形

答え

❶ ※「考え方」を見てください。

❷ (1) 3cm　(2) ㋐50°　㋑130°

❸ (1) 長方形，正方形　(2) 台形
(3) 正方形，ひし形

考え方

❶ 平行四辺形や台形のせいしつを利用《りよう》してかきます。

(1) ①

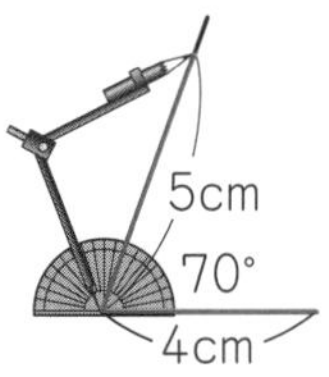

4cmの辺をかき，70°の角をはかり，5cmの長さをはかる。

②

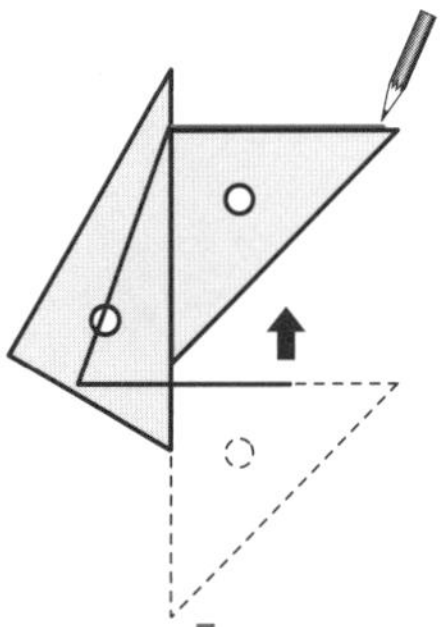

三角じょうぎを2まい使って，4cmの辺と平行な辺をかく。

③

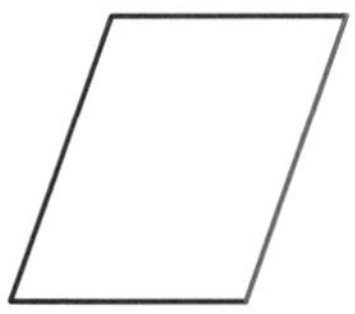

②と同じように，5cmの辺と平行な辺をかく。

(2) ①

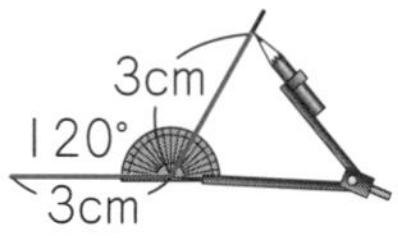

3cmの辺をかき，120°の角をはかり，3cmの長さをはかる。

②

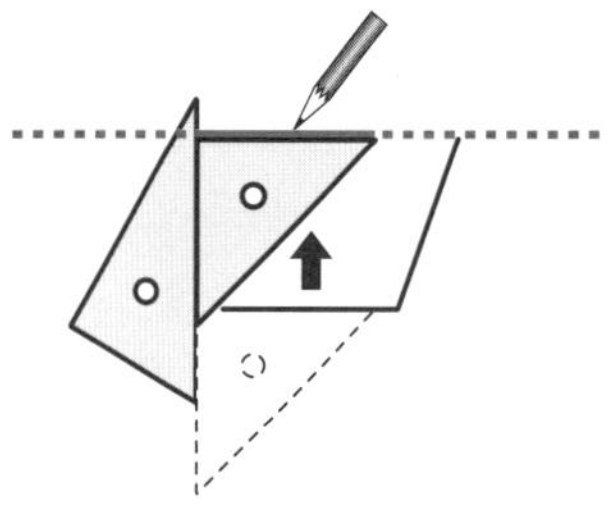

三角じょうぎを2まい使って，平行な辺をかく。

③

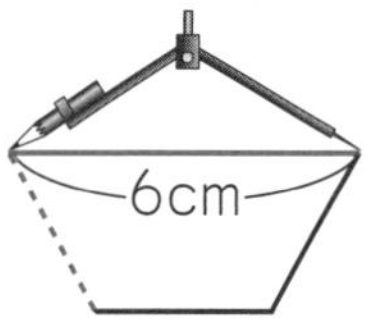

6cmの長さをはかり，残《のこ》りの辺をかく。

❷ ひし形のせいしつを利用します。

(1) ひし形は，4つの辺の長さがすべて等しいから，BCの長さは3cmです。

(2) ひし形の向かい合った角の大きさは等しいから，㋐の角度は50°で，㋑の角度は130°です。

❸ それぞれの図形について，辺や角，対角線について調べます。

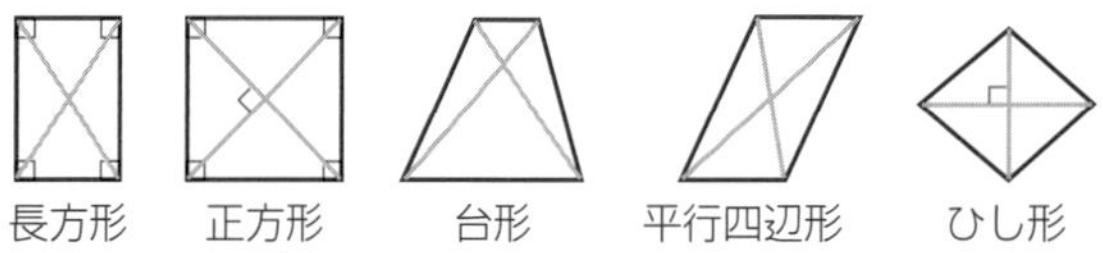

(2) 台形以外《いがい》の形は，向かい合う2組の辺が平行になっています。

2本の対角線をひいてできる4つの三角形について，調べてみるのもおもしろいよ！

第10回 垂直と平行

答え

※❷, ❸の図は実際《じっさい》よりも小さくなっています。

❶ (1) え, お　(2) あ, う
(3) あ (と) う, え (と) お

❷

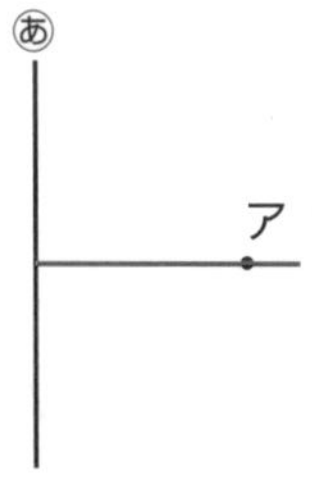

あ
ア

❸

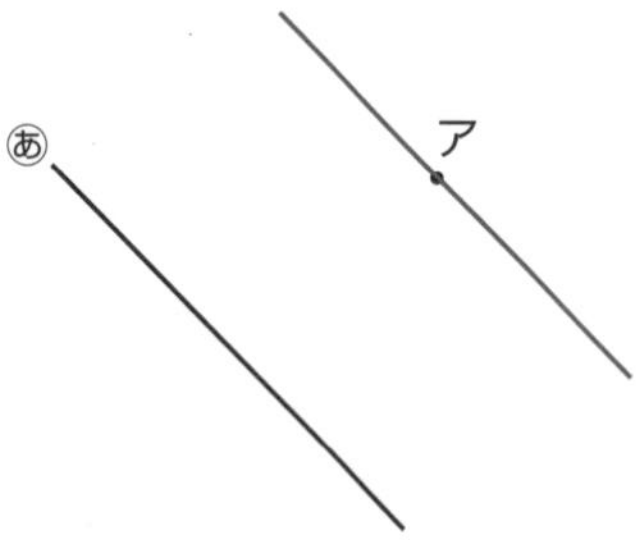

あ
ア

❹ (1) ㋐ 133°　㋑ 133°　㋒ 47°
(2) 4cm

考え方

❶ 下の図で, 印《しるし》がついているところが直角になっています。

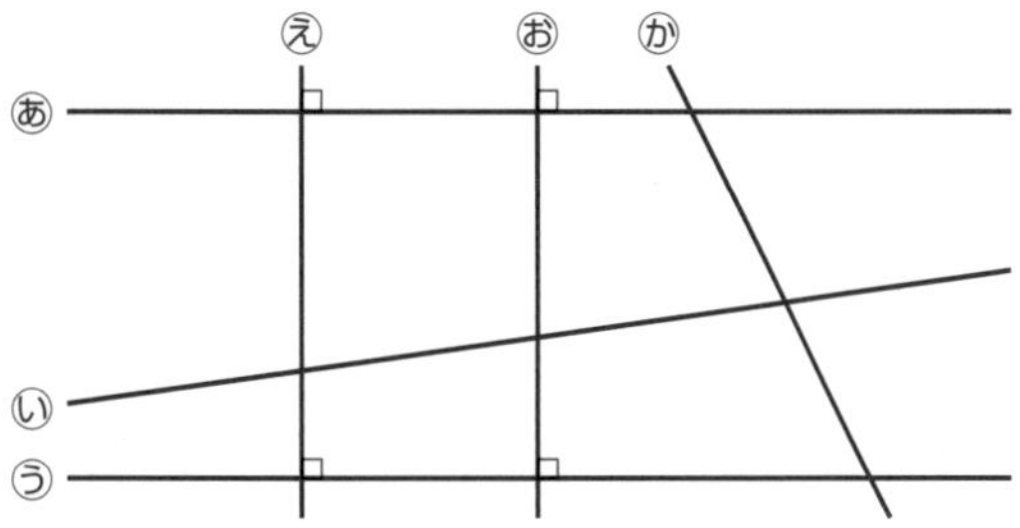

え
お
か
あ
い
う

(1) 直線あと垂直である直線はえとおです。

(2) 直線おと垂直である直線はあとうです。

(3) 直線あと直線うはともに, 直線え (直線お) と垂直なので平行です。また, 直線えと直線おはともに, 直線あ (直線う) と垂直なので平行です。

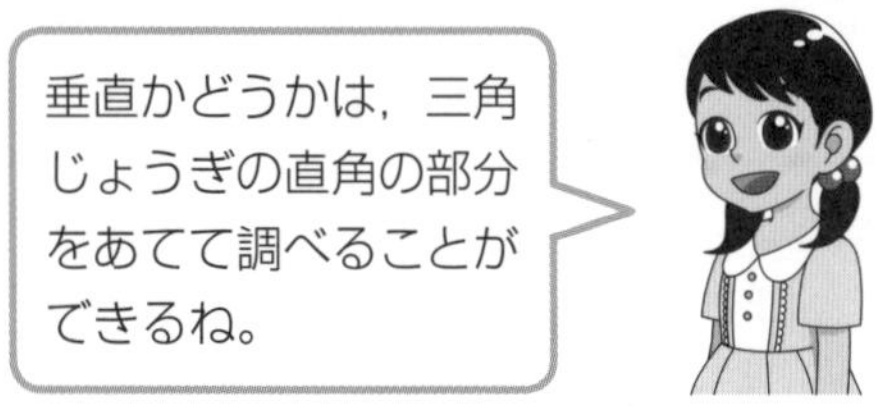

垂直かどうかは, 三角じょうぎの直角の部分をあてて調べることができるね。

❷ 下の図のように三角じょうぎをあててかきます。

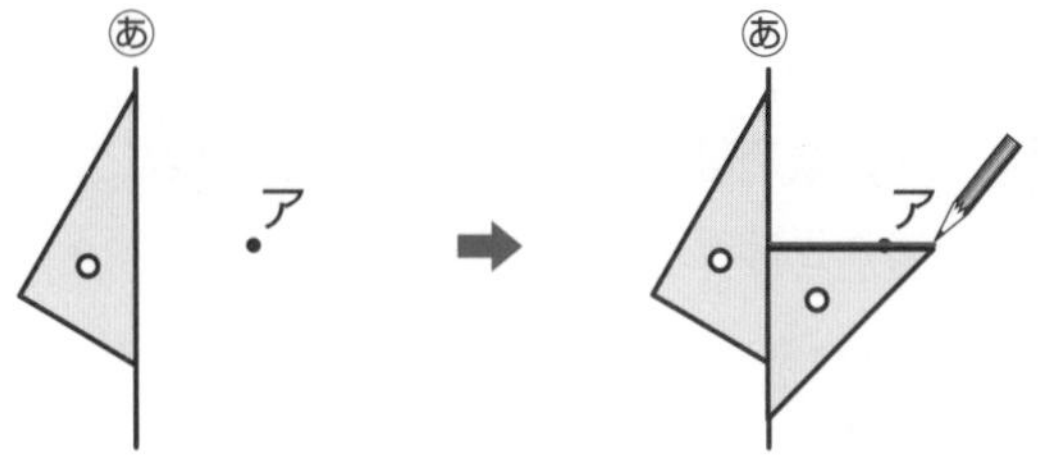

あ
ア
あ
ア

❸ 三角じょうぎがずれないように, しっかりおさえましょう。

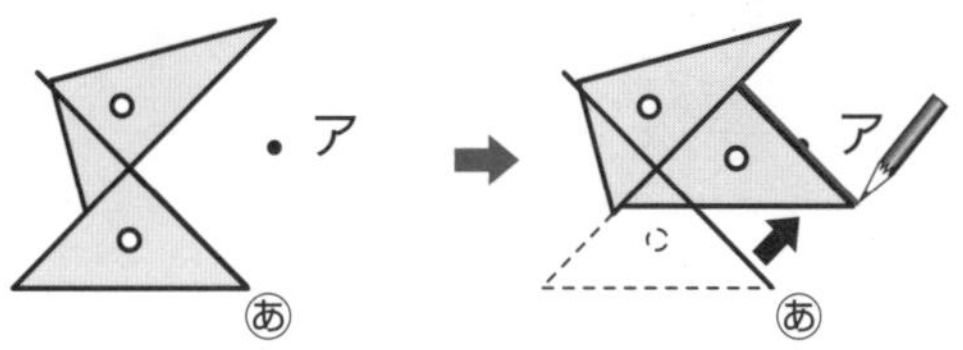

ア
あ
ア
あ

❹ わかった角の大きさを図に書きこみながら考えます。

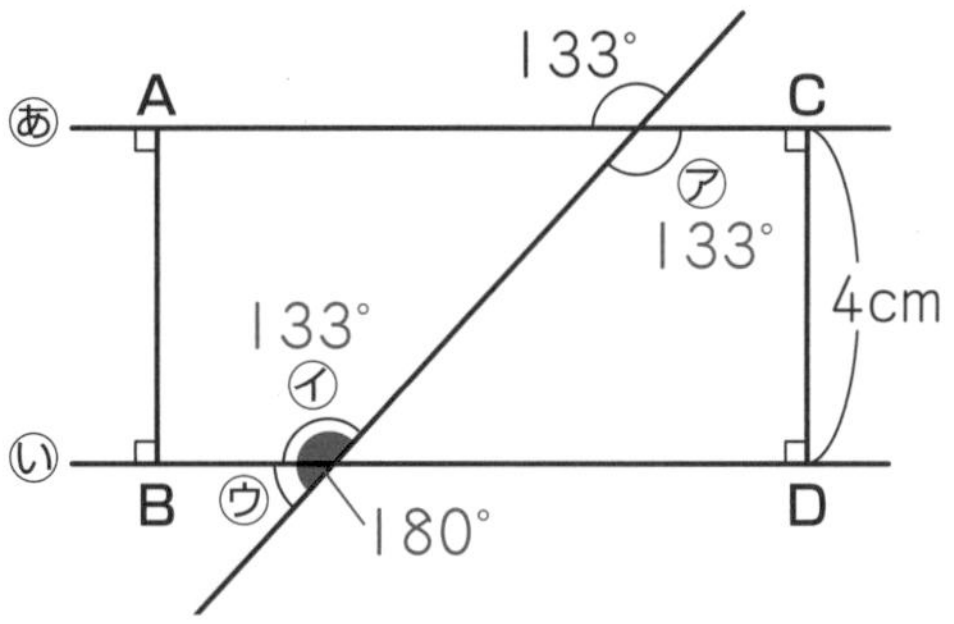

133°
A
C
あ
㋐
133°
4cm
133°
㋑
い
B
㋒
180°
D

(1) ㋐の角…向かい合った角どうしは, 大きさが等しいから, 133° です。
㋑の角…平行な 2 本の直線は, ほかの直線と等しい角度で交わるから, 133° です。

㋒の角…半回転の角の大きさは 180° だから, 180° − 133° = 47°

(2) 平行な 2 本の直線の間の長さ (はば) はどこも等しくなっているので, ABとCDの長さは等しくなっています。だから, ABの長さは, 4cm です。

第9回 折れ線グラフ

答え

❶ (1) 北海道…30度　沖縄県…31度

(2) 午前8(時から)午前9(時までの間)

(3) 午前8(時), 4(度)

(4) 午後3時

❷

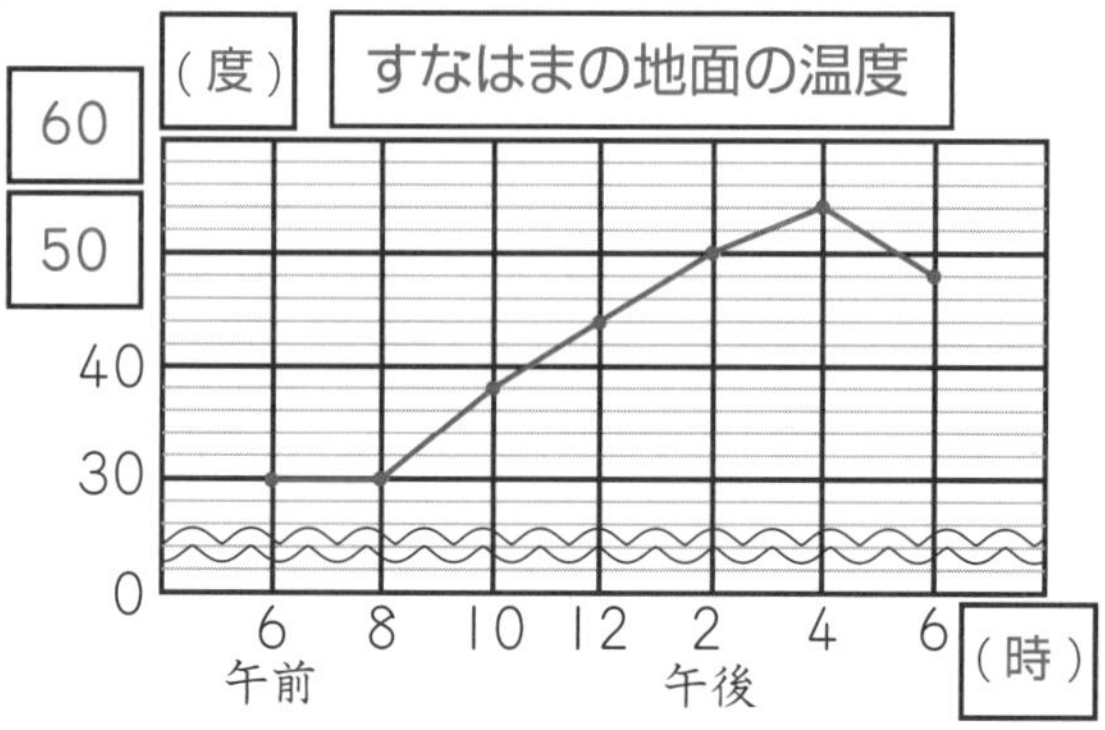

(度)
すなはまの地面の温度
60
50
40
30
0
6 8 10 12 2 4 6
午前
午後
(時)

❸

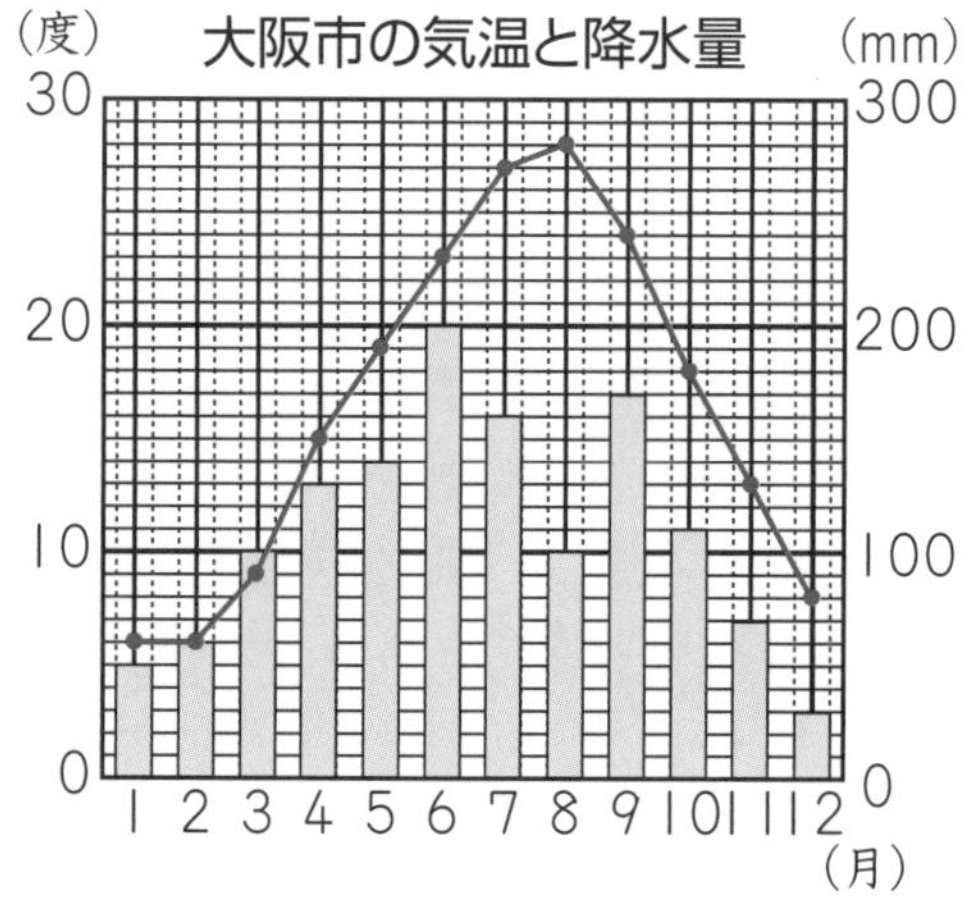

(度)
大阪市の気温と降水量
(mm)
30
300
20
200
10
100
0
0
1 2 3 4 5 6 7 8 9 10 11 12
(月)

考え方

❶ 折れ線グラフでは, 線のかたむきで変わり方がわかります。

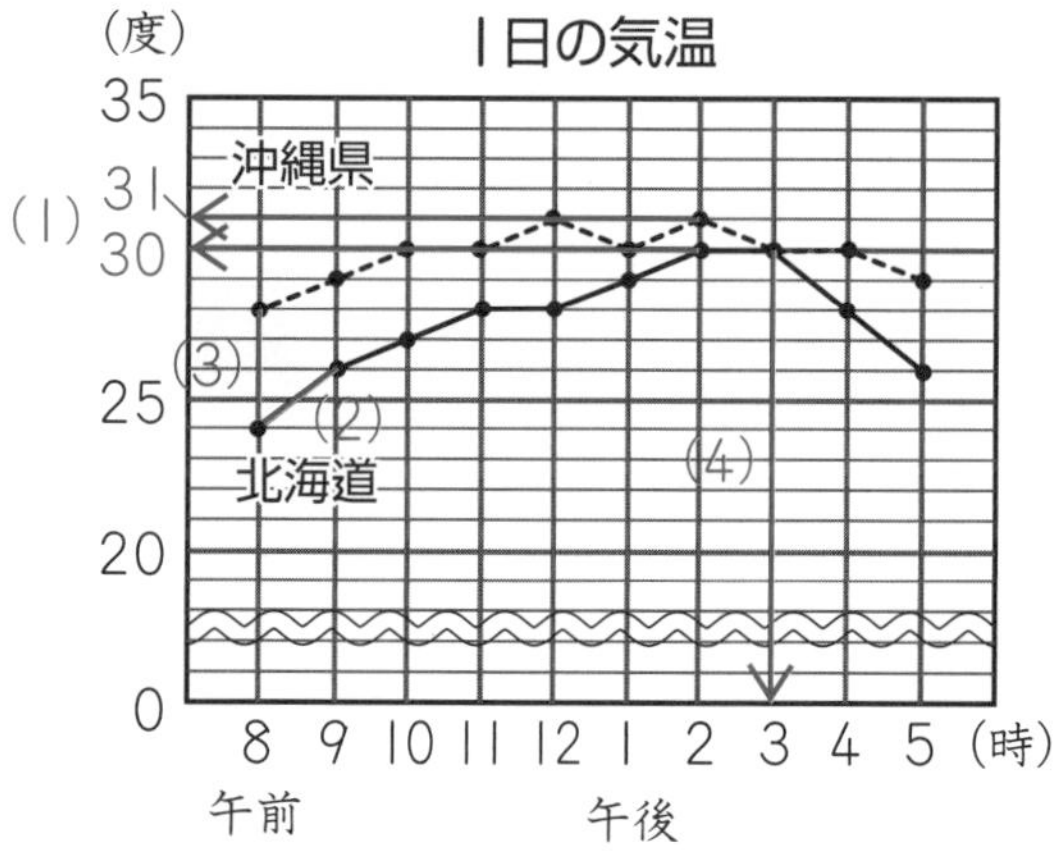

(度)
1日の気温
35
31
30
25
20
0
沖縄県
北海道
(1)
(2)
(3)
(4)
8 9 10 11 12 1 2 3 4 5 (時)
午前
午後

(1) 気温がいちばん高い点の, たてのじくの目もりを読みます。

(2) グラフを見ると, 北海道のある都市の気温が上がっているところで, 線のかたむきがいちばん急なのは, 午前8時から午前9時までの間です。

(3) 2つのグラフのひらきは気温のちがいを表していて, 午前8時に2つのグラフのひらきがいちばん大きくなっています。このとき, 北海道の気温は24度で, 沖縄県の気温は28度なので, 気温のちがいは,

28 − 24 = 4(度)

【別《べつ》のとき方】

2つのグラフのひらきが4目もりだから, 気温のちがいは4度です。

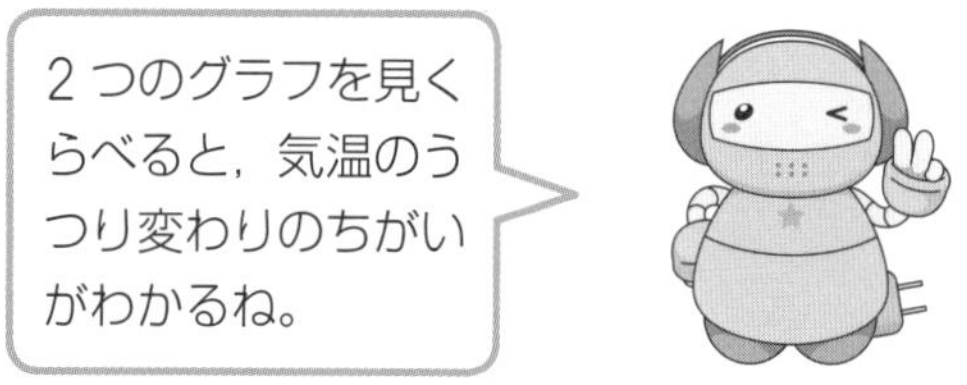

2つのグラフを見くらべると, 気温のうつり変わりのちがいがわかるね。

(4) 2つのグラフが重なっているところが, 同じ気温になっているところです。だから, 気温が同じなのは午後3時です。

❷ 横のじくにはかった時刻, たてのじくに温度をとります。たてのじくの1目もりが2度を表していることに注意して点をうち, 点を直線でつなぎます。

❸ 気温は, 折れ線グラフでかきます。左側《ひだりがわ》のたてのじくの1目もりが1度を表しています。

降水量は, ぼうグラフでかきます。右側のたてのじくの1目もりが10mmを表しています。

第8回 小数

答え

※❶の数直線，❸の筆算は「考え方」を見てください。

❶ 0.807 → 0.825 → 0.87

❷ (1) 4　(2) $\frac{1}{1000}$の位　(3) 100倍

❸ (1) 7.404　(2) 1.081
(3) 21　(4) 2.04

❹ [式] 6.45 + 0.9 = 7.35
[答え] 7.35kg

❺ [式] 350mL = 0.35L
0.8 − 0.35 = 0.45
[答え] 0.45L

考え方

❶ この数直線は，0.8と0.9の間が100等分されているので，1目もりは0.001を表しています。

したがって，小さい順にならべると，
0.807 → 0.825 → 0.87

❷ 5.457に位を書いて考えます。

㋐			㋑	
5	.	4	5	7
一の位	小数点	$\frac{1}{10}$の位	$\frac{1}{100}$の位	$\frac{1}{1000}$の位

(3) 小数も整数と同じように，位が1つ上がるごとに，10倍になっています。位が2つ上がると100倍になります。

❸ 位をそろえて書くことに注意します。

(1)
```
   5.2 7 0  ←---- 5.270と考える。
 + 2.1 3 4
 ---------
   7.4 0 4
```

(2)
```
   4.3 0 0  ←---- 4.300と考える。
 − 3.2 1 9
 ---------
   1.0 8 1
```

(3)
```
  1 3.1 7 5
 +  7.8 2 5
 ----------
  2 1.0 0 0  ←---- 小数点より下の最後の位が0になるので「＼」で消す。
```

(小数点より下の最後《さいご》の位が0になるので「＼」で消す。)

(4)
```
  1 5.0 0  ←---- 15.00と考える。
 − 1 2.9 6
 ---------
     2.0 4
```

❹ 全体の重さは，
すいかの重さ＋たらいの重さ
で求《もと》められるから，
6.45 + 0.9 = 7.35 (kg)

❺ 350mLが何Lかを考えます。
1000mL = 1Lだから，
350mL = 0.35L
残りの水の量は，ポットに入っていた水の量−使った水の量で求められるから，
0.8 − 0.35 = 0.45 (L)
【別《べつ》のとき方】
0.8Lが何mLかを考えます。
1L = 1000mLだから，
0.8L = 800mL
残りの水の量は，
800 − 350 = 450 (mL)
450mL = 0.45L

答えをLで求めるときは，Lにそろえて計算すると，答えを書くときにまちがえにくくなるよ。

第7回 角（2）

答え

❶ (1) ㋐135°　㋑75°　(2) ㋒50°

❷ (1) (い)（の角と）(え)（の角）

(2) (あ)（の角と）(お)（の角）

※どちらを先に答えても正解《せいかい》です。

❸ (1) ㋐35°　(2) ㋑60°　㋒120°

❹ (1) 60°　(2) 120°

考え方

❶ 三角じょうぎの角度を書き入れて考えます。

(1)

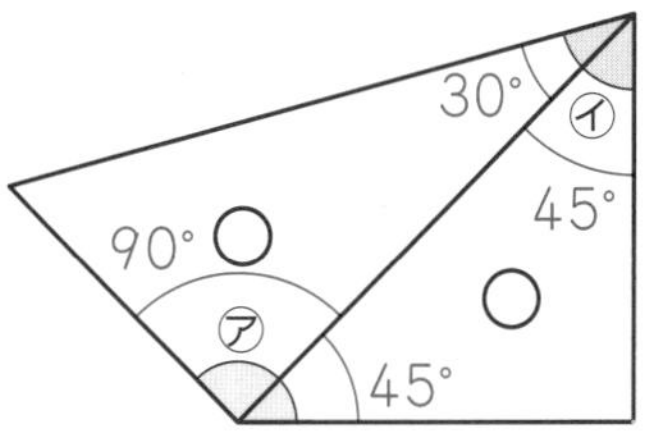
30°
㋑
45°
90°
㋐
45°

㋐の角…90° ＋ 45° ＝ 135°

㋑の角…30° ＋ 45° ＝ 75°

(2)

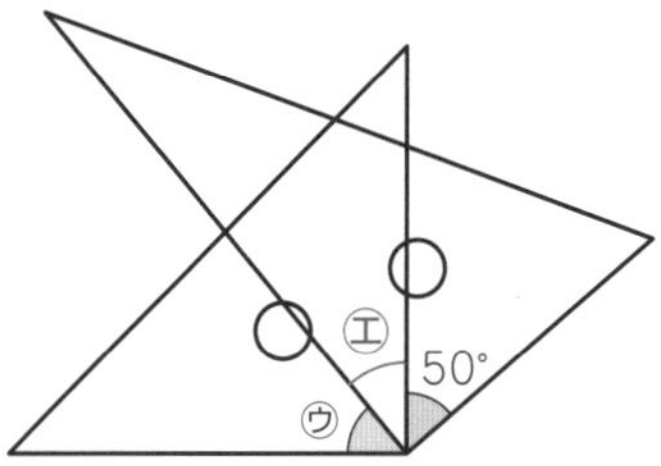
㋓
50°
㋒

三角じょうぎが重なったところの角㋓の大きさは，90° − 50° ＝ 40°

㋒の角の大きさは，90° から重なった角㋓の大きさをひいて，90° − 40° ＝ 50°

❷ 三角じょうぎのそれぞれの角の大きさは，下の図のようになっています。

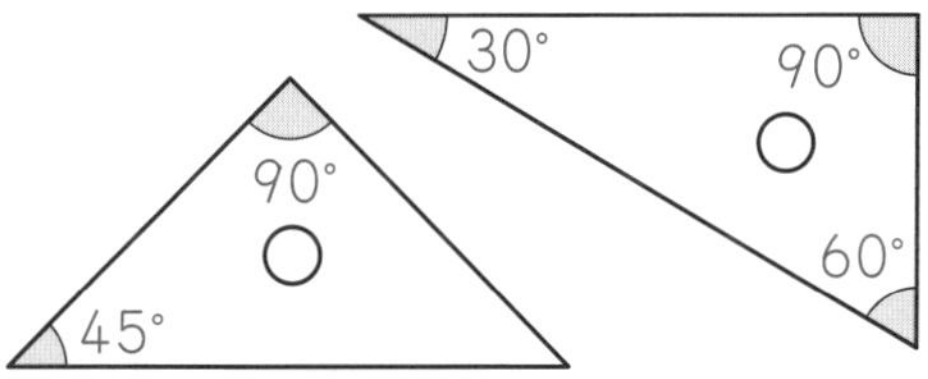
90°
45°
30°
90°
60°

(1) 105° の角をつくるには，(い)の角（45°）と(え)の角（60°）を合わせます。

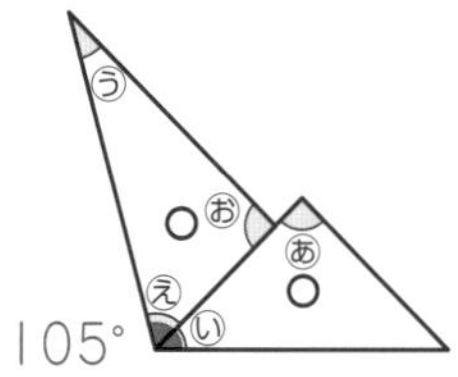
う
お
あ
え
い
105°

(2) 180° の角をつくるには，(あ)の角（90°）と(お)の角（90°）を合わせます。

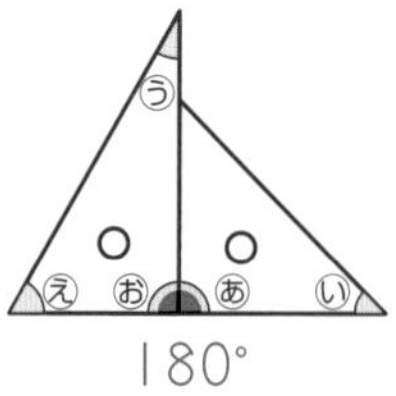
う
え
お
あ
い
180°

❸ (1) ㋐の角…180° から 45° と 100° をひくと求められます。

180° − 45° − 100° ＝ 35°

(2) ㋑の角…向かい合っている角の大きさは等しいので，60°

㋒の角…180° − 60° ＝ 120°

2本の直線が交わったときにできる向かい合った角どうしは，大きさが等しいね。

❹ 正三角形の3つの角の大きさはすべて60°です。

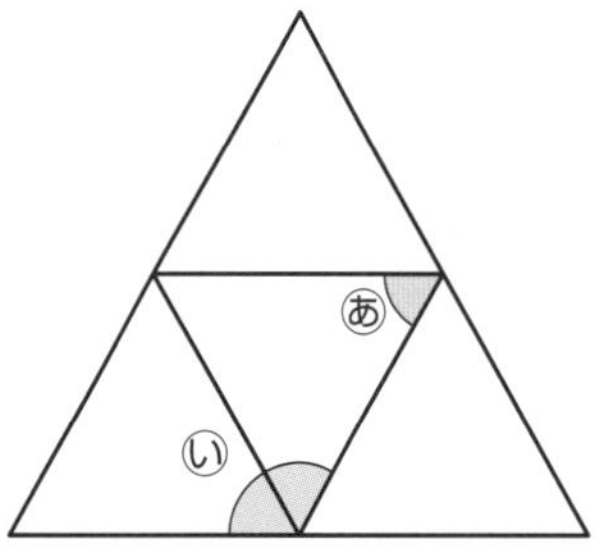
あ
い

(1) 図は，同じ大きさの正三角形をならべたものだから，(あ)の角の大きさは60°です。

(2) (い)の角は60°の角の2つ分だから，大きさは，60° × 2 ＝ 120°

第6回 角(1)

答え

❶ (1) 90　(2) 180　(3) 4

❷ (1) 130°　　(2) 215°

❸ (1)　　(2)

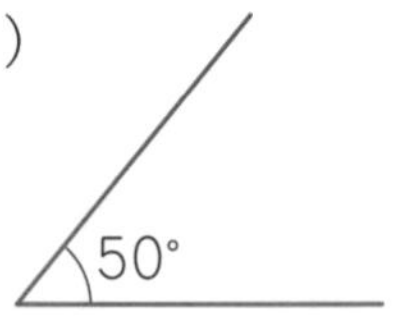

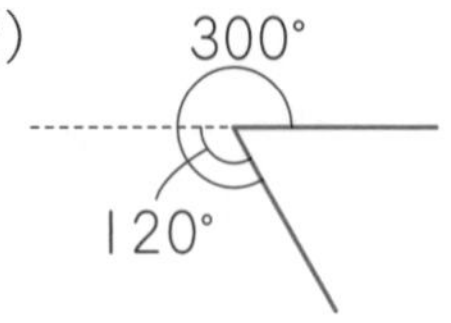

❹ ※「考え方」を見てください。

❺ 210°

考え方

❶ それぞれの角の大きさを図にかいて考えましょう。

(1)

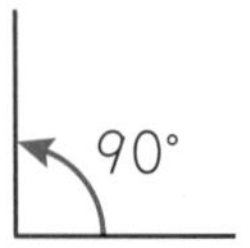

1直角は90°です。

(2)

2直角だから，
90°×2＝180°

(3)

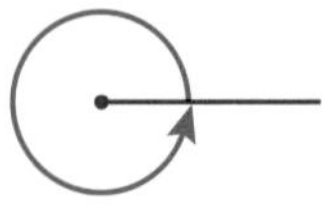

1回転の角度は4直角です。

❷ 角の大きさのはかり方を教科書でかくにんしておきましょう。

(2) 180°よりどれだけ大きいかをはかると35°なので，180°＋35°＝215°

【別《べつ》のとき方】

360°よりどれだけ小さいかをはかると145°なので，360°－145°＝215°

❸ 角のかき方を教科書でかくにんしておきましょう。

(2) 300°－180°＝120°なので，180°の角に120°の角を合わせてかきます。

【別のとき方】

360°－300°＝60°なので，360°から60°の角をひくと考えてかきます。

❹ まず，長さがわかっている辺《へん》を1つかくところがポイントです。

(1)

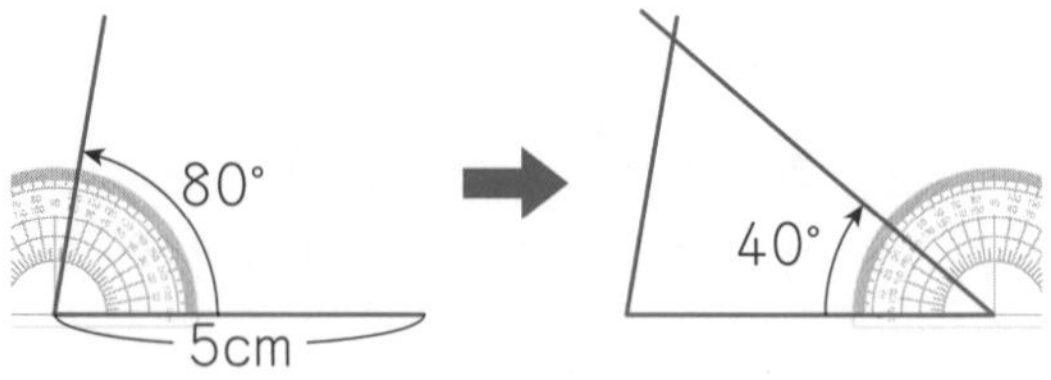

5cmの辺をかき，80°の角をかく。　　40°の角をかく。

(2)

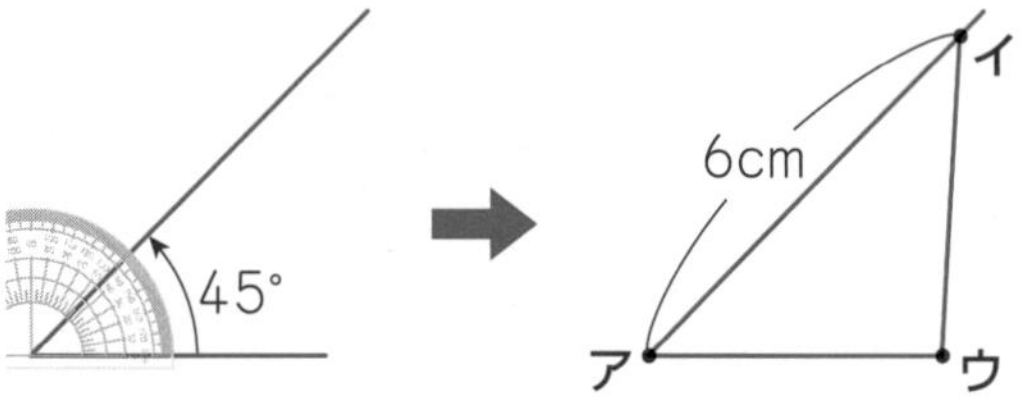

4cmの辺をかき，45°の角をかく。　　点アから6cmのところに点イをかき，イとウを結《むす》ぶ。

❺ 長いはりは15分間で90°まわることから，5分間でまわる角度は，

90°÷3＝30°

35分間でまわる角度は，15分間でまわる90°の2こ分と，5分間でまわる30°の1こ分をたして，

90° ×2＝180°
180°＋30°＝210°

【別のとき方】

30°の7こ分なので，
30°×7＝210°

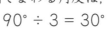

第5回 1けたでわるわり算（2）

答え

※❶の筆算は「考え方」を見てください。

❶ （1）126　（2）208
（3）181 あまり 2　（4）46
（5）41 あまり 2　（6）50 あまり 6

❷ （1）90　（2）20　（3）245　（4）176

❸ ［式］960 ÷ 4 = 240　［答え］240 円

❹ ［式］32 × 3 ÷ 5 = 19 あまり 1
［答え］（1 人分は）19（こになって，）
1（こあまる。）

考え方

❶ わられる数が 3 けたになっても，2 けたのときと同じように計算します。

（1）
```
    1 2 6
6 ) 7 5 6
    6
    -----
    1 5
    1 2
    -----
      3 6
      3 6
      ---
        0
```

（2）
```
    2 0 8                      2 0 8
4 ) 8 3 2                  4 ) 8 3 2
    8                          8
    -----          →          -----
      3                          3 2
      0   省《はぶ》く                3 2
      3 2                        ---
      3 2                          0
      ---
        0
```

（3）
```
    1 8 1
5 ) 9 0 7
    5
    -----
    4 0
    4 0
    -----
        7
        5
        -
        2
```

（4）
```
      4 6
8 ) 3 6 8
    3 2
    -----
      4 8
      4 8
      ---
        0
```

（5）
```
      4 1
7 ) 2 8 9
    2 8
    -----
        9
        7
        -
        2
```

（6）
```
      5 0                      5 0
9 ) 4 5 6                  9 ) 4 5 6
    4 5                        4 5
    -----          →          -----
        6                          6
        0   省く
        -
        6
```

❷ かけ算とわり算のまじった式では，前から順番《じゅんばん》に計算します。

（1）27 × 10 ÷ 3 = 270 ÷ 3 = 90

（2）36 × 5 ÷ 9 = 180 ÷ 9 = 20

（3）140 ÷ 4 × 7 = 35 × 7 = 245

（4）132 ÷ 6 × 8 = 22 × 8 = 176

❸ 1 人がしはらう金額は，

かき氷のねだん ÷ 食べる人数

で求められるから，

960 ÷ 4 = 240（円）

商の一の位《くらい》に，0を書くのをわすれないようにしよう。

```
    2 4 0
4 ) 9 6 0
    8
    -----
    1 6
    1 6
    -----
      0
```

❹ 全部のおかしの数は，

1 ふくろのおかしの数 × ふくろの数

1 人分のおかしの数は，

全部のおかしの数 ÷ 人数

で求められるから，

32 × 3 ÷ 5 = 96 ÷ 5 = 19 あまり 1
（32 × 3：全部のおかしの数）

したがって，1 人分は 19 こになって，1 こあまります。

```
    3 2
  ×   3
  -----
    9 6
```

```
    1 9
5 ) 9 6
    5
    ---
    4 6
    4 5
    ---
      1
```

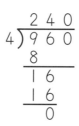

第4回 1けたでわるわり算（1）

答え

※❶，❷の筆算は「考え方」を見てください。

❶ (1) 42　　(2) 15
(3) 17あまり1　(4) 12あまり3

❷ (1) 11あまり4
答えのたしかめ…7 × 11 + 4 = 81
(2) 25あまり1
答えのたしかめ…3 × 25 + 1 = 76

❸ ［式］ 92 ÷ 4 = 23　　［答え］ 23円

❹ ［式］ 45 ÷ 3 = 15　　［答え］ 15倍

❺ ［式］ 63 ÷ 5 = 12あまり3
12 + 1 = 13
［答え］ 13きゃく

考え方

❶ あまりがある場合は，わる数よりも小さくなっていることをたしかめましょう。

(1)
```
    4 2
 2)8 4
   8
   ---
     4
     4
   ---
     0
```

(2)
```
    1 5
 5)7 5
   5
   ---
   2 5
   2 5
   ---
     0
```

(3)
```
    1 7
 4)6 9
   4
   ---
   2 9
   2 8
   ---
     1
```

(4)
```
    1 2
 8)9 9
   8
   ---
   1 9
   1 6
   ---
     3
```

❷ わる数×商＋あまりを計算して，わられる数と等しいことをたしかめます。

(1)
```
    1 1
 7)8 1
   7
   ---
   1 1
     7
   ---
     4
```
答えのたしかめ
7 × 11 + 4 = 81

(2)
```
    2 5
 3)7 6
   6
   ---
   1 6
   1 5
   ---
     1
```
答えのたしかめ
3 × 25 + 1 = 76

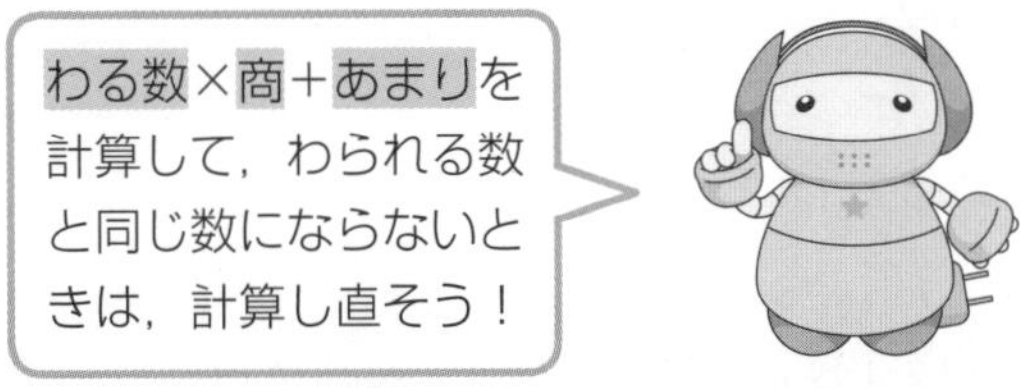
わる数×商＋あまりを計算して，わられる数と同じ数にならないときは，計算し直そう！

❸ あめ1つのねだんは，代金÷あめの数で求められるから，
92 ÷ 4 = 23（円）

❹ むらさきの花の数が，ピンクの花の数の□倍とすると，
ピンクの花の数×□＝むらさきの花の数
だから，
3 ×□= 45
□は3にかけると45になる数だから，
45 ÷ 3 = 15
したがって，むらさきの花は，ピンクの花の15倍さいたことがわかります。

❺ 児童の数÷1きゃくにすわる数をすると，
63 ÷ 5 = 12あまり3
したがって，必要な長いすの数は，5人がすわる長いす12きゃくと，3人がすわる長いす1きゃくを合わせて，
12 + 1 = 13（きゃく）

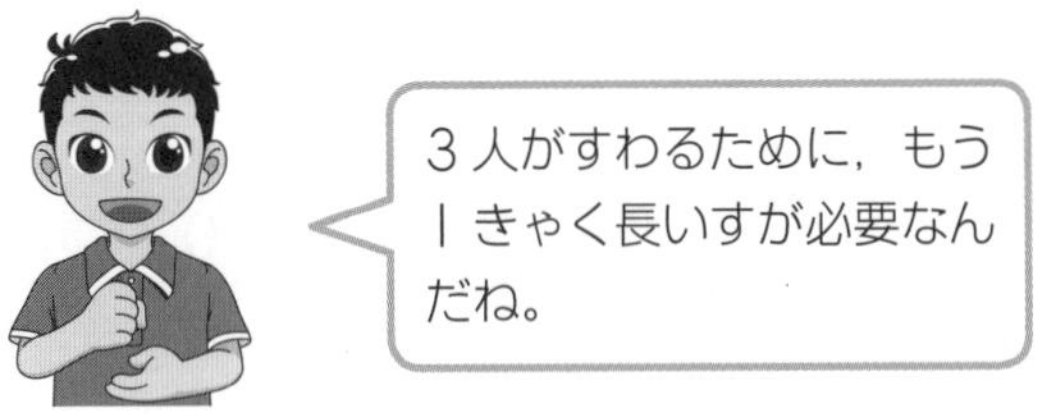
3人がすわるために，もう1きゃく長いすが必要なんだね。

算数

第3回 大きな数

答え

※❹の筆算は「考え方」を見てください。

❶ (1) 52074100836000
(2) 5003049000000
(3) 780000000

❷ (1) 840億(84000000000)
(2) 3兆5000億(3500000000000)

❸ (1) 5, 116　(2) 4, 177

❹ (1) 406318　(2) 345000

❺ (1) 六十三兆四千九百三十一億
(2) 1000倍
(3) 10000000033469

考え方

❶ 読まない位には0を書きます。

(1) 五十二兆|七百四十一億|八十三万|六千

52|0741|0083|6000
兆　億　万

(2) 一兆が5こで5兆, 一億が30こで30億, 一万が4900こで4900万。数字で書くと,

5|0030|4900|0000
兆　億　万

(3) 千万が10こで1億なので, 70こで7億。だから, 千万が78こで7億8000万。数字で書くと,

7|8000|0000
億　万

❷ 10倍すると位は1けたずつ上がり, $\frac{1}{10}$にすると位は1けたずつ下がります。

(1) 84|0000|0000
840|0000|0000
億　万
(10倍)

(2) 35|0000|0000|0000
3|5000|0000|0000
兆　億　万
($\frac{1}{10}$)

❸ 兆と億に分けて計算します。

(1) 4兆+1兆=5兆, 67億+49億=116億 だから, 5兆116億。

(2) 9兆−5兆=4兆, 250億−73億=177億 だから, 4兆177億。

❹ かける数やかけられる数に0のあるかけ算は, 計算を省《はぶ》くことができます。

(1)
```
     5 0 6
   × 8 0 3
   -------
   1 5 1 8
   0 0 0
 4 0 4 8
 ---------
 4 0 6 3 1 8
```
➡ 省く
```
     5 0 6
   × 8 0 3
   -------
   1 5 1 8
 4 0 4 8
 ---------
 4 0 6 3 1 8
```

(2)
```
     2 3|0 0   ←23×100
   × 1 5|0     ←15×10
   -----
   1 1 5|
   2 3
   -----------
   3 4 5|0 0 0 ←23×15×100×10
```

❺ 右から4けたごとに区切って考えます。

(1) 兆　億　万
63|4931|0000|0000
㋐　㋑

(2) 数は, 位が1つ上がるごとに, 10倍になっています。㋐は㋑より位が3つ上なので, 1000倍になります。

(3) 0ではじまる整数はないので, 0以外《いがい》でいちばん小さい数の1を, いちばん上の位に入れます。あとは, 残りの数字を小さい順《じゅん》に書いていきます。

第2回 3年生の復習（2）

答え

※❷の筆算は「考え方」を見てください。

❶ (1) 8　(2) 9あまり2　(3) 0
(4) 3　(5) 30　(6) 21

❷ (1) 10.3　(2) 8　(3) 3.5　(4) 0.8

❸ (1) $\frac{9}{10}$　(2) 1　(3) $\frac{2}{5}$　(4) $\frac{7}{9}$

❹ (1) 3，120　(2) 4500
(3) 0.6　(4) 53

❺ (あ)分数… $\frac{2}{10}$，小数…0.2
(い)分数… $\frac{6}{10}$，小数…0.6

❻ (1) (あ)9　(い)11　(う)24
(え)2　(お)32　(か)94
(2) プール　(3) 94人

考え方

❶ わり算の答えは，わる数のだんの九九を使って求めます。

(1)「七八56」だから，答えは8。

(2)「三九27」　9だと2あまる。
3×10＝30　10だと29をこえる。

(3) 0を，0でないどんな数でわっても，答えはいつも0になります。

(4) どんな数を1でわっても，答えはわられる数と同じになります。

(5) 60は10のたばが6たばあるので，
6÷2＝3
10のたばが3たばだから，答えは30。

(6) 84を80と4に分けて考えます。

$$\begin{array}{r} 80 \div 4 = 20 \\ 4 \div 4 = \ \ 1 \\ \hline \text{合わせて } 21 \end{array}$$

❷ 小数点がたてにならぶように書き，小数《しょうすう》第一位《だいいちい》から順《じゅん》に計算していきます。

(1) $\begin{array}{r} 3.9 \\ +\ 6.4 \\ \hline 10.3 \end{array}$　(2) $\begin{array}{r} 2.3 \\ +\ 5.7 \\ \hline 8.\not{0} \end{array}$

(3) $\begin{array}{r} 8.1 \\ -\ 4.6 \\ \hline 3.5 \end{array}$　(4) $\begin{array}{r} 9.2 \\ -\ 8.4 \\ \hline 0.8 \end{array}$

❸ 分母が同じ分数のたし算・ひき算は，分母はそのままにして，分子だけを計算します。

(2) $\frac{3}{8}+\frac{5}{8}=\frac{8}{8}=1$

(4) $1-\frac{2}{9}=\frac{9}{9}-\frac{2}{9}=\frac{7}{9}$

❹ 1km＝1000m，1kg＝1000g
1L＝10dL，1cm＝10mmです。

(3) 1dL＝0.1Lだから，6dL＝0.6L

(4) 5.3cmは5cm(50mm)と0.3cm(3mm)を合わせた長さなので，53mmです。

❺ この数直線は，1を10等分しています。
だから，1目もりは $\frac{1}{10}$ ＝0.1です。

❻ 表を横やたてに見て考えます。

(1) まず，横に見ていくと，
プール…(あ)は，34－15－10＝9
動物園…(え)は，15－5－8＝2
次に，たてに見ていくと，
1組…(お)は，15＋8＋2（(え)）＋4＋3＝32
2組…(い)は，31－10－5－3－2＝11
したがって，
(う)は，8＋11（(い)）＋5＝24
(か)は，34＋24（(う)）＋15＋11＋10＝94

(2) いちばん右の合計のらんを，たてに見ていくと，プールだとわかります。

第1回 3年生の復習(1)

答え

※❶の筆算は「考え方」を見てください。

❶ (1) 714　(2) 16600　(3) 349
(4) 3266　(5) 3108　(6) 2520
(7) 12510　(8) 50568

❷ (1) 2cm　(2) 8cm

❸ (1) 12cm　(2) 24cm

❹ あやの(さんのほうが)7(秒長くかかった。)

考え方

❶ 位《くらい》をたてにそろえて書き，一の位から順《じゅん》に計算していきます。

(1)
$$\begin{array}{r} 439 \\ +\ 275 \\ \hline 714 \end{array}$$

(2)
$$\begin{array}{r} 7386 \\ +\ 9214 \\ \hline 16600 \end{array}$$

(3)
$$\begin{array}{r} 634 \\ -\ 285 \\ \hline 349 \end{array}$$

(4)
$$\begin{array}{r} 5008 \\ -\ 1742 \\ \hline 3266 \end{array}$$

(5)
$$\begin{array}{r} 37 \\ \times\ 84 \\ \hline 148 \\ 296 \\ \hline 3108 \end{array}$$

(6)
$$\begin{array}{r} 42 \\ \times\ 60 \\ \hline 00 \\ 252 \\ \hline 2520 \end{array}$$

$$\left(\begin{array}{r} 42 \\ \times\ 60 \\ \hline 2520 \end{array}\right)$$

42 × 60 の答えは，42 × 6 を 10 倍した数だから，42 × 6 の答えに 0 を 1 こつければいいね。

(7)
$$\begin{array}{r} 278 \\ \times\ 45 \\ \hline 1390 \\ 1112 \\ \hline 12510 \end{array}$$

(8)
$$\begin{array}{r} 903 \\ \times\ 56 \\ \hline 5418 \\ 4515 \\ \hline 50568 \end{array}$$

❷ 直径の長さは半径の長さの 2 倍です。

(1) **アイ**の直線は，**イ**の点を中心とする円の半径です。半径の長さは，直径（**アウ**の直線）の長さの半分だから，**アイ**の直線の長さは，4 ÷ 2 = 2（cm）です。

(2) **アエ**の直線は，**ウ**の点を中心とした円の直径です。直径の長さは，半径（**アウ**の直線）の長さの 2 倍だから，**アエ**の直線の長さは，4 × 2 = 8（cm）です。

❸ 箱を前から見て考えます。

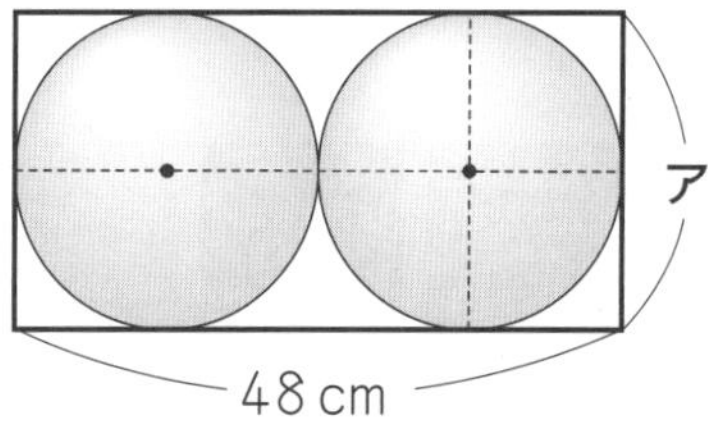

(1) 上の図より，ビーチボールの直径は，
　48 ÷ 2 = 24（cm）
だから，半径は，
　24 ÷ 2 = 12（cm）

(2) **ア**の長さは，ビーチボールの直径に等しいので，24cm です。

❹ 単位《たんい》を秒にそろえてくらべます。
1 分 = 60 秒だから，
あやの… 4 分 20 秒 = 260 秒
したがって，あやのさんのほうがアイスクリームを食べるのにかかった時間は長く，その時間は，
　260 − 253 = 7（秒）

1 時間 = 60 分，1 分 = 60 秒だから，1 時間は，60 × 60 = 3600(秒)も覚《おぼ》えておくといいよ。

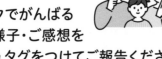

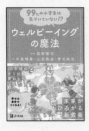

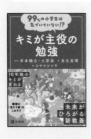